碧海华章

——首届『碧海丹心，能源报国』海油好故事创作展示活动优秀作品集

《碧海华章》编委会　编著

中国石化出版社
HTTP://WWW.SINOPEC-PRESS.COM
中国经济出版社
CHINA ECONOMIC PUBLISHING HOUSE
·北京·

图书在版编目（CIP）数据

碧海华章：首届“碧海丹心，能源报国”海油好故事创作展示活动优秀作品集 /《碧海华章》编委会编著 . -- 北京：中国石化出版社，2024. 12. -- ISBN 978-7-5114-7823-8

Ⅰ . F426.22

中国国家版本馆 CIP 数据核字第 20240T53D9 号

中国石化出版社出版发行

地址：北京市东城区安定门外大街58号

邮编：100011　电话：（010）57512500

发行部电话：（010）57512575

http://www.sinopec-press.com

E-mail：press@sinopec.com

北京科信印刷有限公司印刷

*

710 毫米 ×1000 毫米　16 开本　18 印张　290 千字

2024 年 12 月第 1 版　2024 年 12 月第 1 次印刷

定价：86.00 元

编委会

IMO 9567829

前言

PREFACE

为进一步发挥企业文化在凝聚人心、汇聚力量方面的重要作用，中国海油举办了首届“碧海丹心，能源报国”海油好故事创作展示活动，这是深入学习贯彻习近平文化思想的生动实践，也是传承红色基因、增强文化自信的有力举措。

中国海油因海而生、依海而兴、向海图强，始终与祖国同呼吸，与时代共奋进。40多年来，一代代海油人战风斗浪、与海共舞，勇立潮头，奋楫争先，以高度的责任感和使命感，推动中国海洋石油工业实现了从无到有、从小到大、由弱到强的跨越式发展，挺起了保障国家能源安全、建设海洋强国的钢铁脊梁。

从冰雪覆盖的渤海辽东湾，到碧波万顷的南海涠洲岛，从沟壑纵横的吕梁山，到华灯璀璨的大湾区，从北极圈内的巴伦支海，到乌干达的艾伯特湖，海油人以浪为笔，以汗为墨，书写着一个个动人故事——

勇于担当的勘探人永不言弃“再上石臼坨”，让沉寂了十年的勘探老区焕发新的活力，秦皇岛27-3油田向国家上交亿吨探明地质储量。“海葵一号”下水作业团队直面挑战，勇闯三关“步步惊心”，成功完成亚洲首艘圆筒型FPSO下水固定这一世界级难度作业。临近退休的焊工“老温”在徒弟的帮助下，赶上了数字化转型的快车，实现了油气介质工艺管线自动焊接技术。五指山市水满新村第一书记王江涛，带领村民改造危房、修路搭桥、发展文化旅游，用奉献书写了海油人的“山海情”……

这些故事，是时代的强音，奋斗的交响，突出展现了海油人“爱国、担当、奋斗、创新”的精神特质。讲好这些故事，是对中国海油发展历程的回顾与总结，更是对大庆精神、铁人精神，以及海油文化的传承与弘扬。

党的十八大以来，党中央坚持把文化建设摆在治国理政突出位置，作出一系列重大部署，形成了习近平文化思想，社会主义文化强国建设迈出坚实步伐。习近平总书记强调，要重视发挥文化养心志、育情操的作用，涵养全民族昂扬奋发的精神气质。中国海油高度重视企业文化工作，坚持以文化人、以文铸魂，厚植精神根基，凝聚奋进力量，持续打造与世界一流能源公司相匹配的文化软实力。

为此，我们从首届“碧海丹心，能源报国”海油好故事创作展示活动的165个作品中，精选75个获奖作品汇编成这本《碧海华章》。让我们以本书的出版为契机，积极推进企业文化建设工作，凝心铸魂，赋能发展，为创建世界一流示范企业，书写海洋石油工业新的辉煌注入不竭动力！

目录

CONTENTS

时代故事 001

发展故事 049

创新故事

敬业故事

责任故事 227

时代故事

01

再上石臼坨

中海石油（中国）有限公司天津分公司 | 曾萱 姬银秀 方舟

2023年12月，在经历了3轮次集中评价后，秦皇岛27-3油田终于向国家上交了1.04亿吨探明地质储量，成为2023年全国唯一一个申报亿吨级储量的油田。但让人想不到的是，曾经的它却差一点与“亿吨级”失之交臂，停留在1000万吨的储量规模上。

在早期，秦皇岛27-3油田所在的石臼坨凸起曾是渤海勘探开发的主战场之一。但从2011年以来，石臼坨这个勘探老区陷入了举步维艰的境地。在十余年的时间里，秦皇岛33-1南油田围区甩开失利、南堡35-2油田围区滚动评价成效不佳、秦皇岛33-7-1d井探明储量为零，东边不行打西边，深层没有找浅层，偌大的一个凸起上，却一直“颗粒无收”。这让长期坚守在这片凸起上的人，心一点点冷了下去。

2020年，与石臼坨凸起遥遥相望的莱州湾相继发现了垦利6-1油田、垦利10-2油田两个亿吨级岩性油田，“岩性勘探”这个词让此前一直沉浸在“构造勘探”思路里的渤中勘探人嗅到了一丝希望。有希望就要大胆去尝试，于是，大家撸起袖子，以大砂体岩性的模式对凸起重新梳理，勘探思路转变后，终于在往常被大家忽略的斜坡带上看到了“油的影子”。

4口探井，探明地质储量1000万吨！虽谈不上是规模性发现，但足以让心冷了多年的渤中人兴奋异常。

就在大家以为石臼坨大有可为的时候，新钻的15d井却给刚热起来的渤中勘探人泼了一盆冷水——这口井一米油层也没有找到。

下一步该怎么办？

“这么多年我们在石臼坨凸起上打过100多口井，已经找到3.5亿吨的储量了，这次又发现这1000万吨实属不易。”几位在这里坚守了十余年的老师傅深知其中的艰辛。

徐春强（左二）等在岩心库看岩心

“1000万吨怎么能行？！”项目负责人徐春强依然信念坚定，“新一轮资源评价显示，石臼坨还有很大潜力，循着勘探新思路，石臼坨老区并不老。”

这群不服输的人，又一次振奋起来。

那就再上一次石臼坨！

于是，他们从资料库找出1998年的钻井资料，抖掉封面的灰尘，翻开已经发黄的完井报告。地质人员和物探人员分工协作，一拨人“地毯式”梳理50多口井的地质资料，试图寻找油气的蛛丝马迹；另一波人则泡在机房里，连日攻关如何提高砂体识别精度。

他们一口气找出了十几个有潜力的井位。

有了扎实的基础研究支撑，大家更坚信石臼坨“还有油”，并成功说服专家通过井位审查。

2022年腊月二十八，16井开钻。

当天晚上9点，所有人都聚集在随钻办公室里，紧紧盯着屏幕上的录井曲线。他们紧张、激动又忐忑。

他们期待着，这片凸起不会停留在1000万吨的储量上。

徐春强不放心地再一次把钻前预测资料看了一遍，仔细确认每一个细节，生怕钻前认识太过乐观；地质工程师张震也紧紧盯着电脑屏幕，手却一直轻敲着桌面。

下一秒，原本平静的气测值开始波动，从1000ppm[1]、10000ppm，一下子飙升到了300000ppm！

“成了？”有人小声嘀咕，有人反复确认屏幕上的曲线，不敢相信自己的眼睛。

“成了！气测高、组分全，这就是我们要找的纯油层！”

在短暂的寂静过后，所有人都开始躁动起来。这口井的油气显示还在源源不断地继续着。

虽然此时已是凌晨1点，大家却毫无困意，因为他们想把这口井的储量赶紧算出来，这样就可以讨论下一口井该怎么打了。

随钻人员在看薄片、做分析

[1] $1ppm=10^{-6}$，编者注。

只是他们没想到，这一忙，就是长达一年多天昏地暗的鏖战。一年多的时间里，科研人员马不停蹄，一共进行了27次方案汇报，随钻43口探井，探明储量也从1000万吨到5000万吨，最终到达1.04亿吨！

其实，这只是他们工作的一个缩影。十余年的低谷期，虽然大家步履蹒跚，但一直信念坚定；虽然道路曲折坎坷，但每个人都未曾放弃。

或许在下一个区块，还会经历漫长的沉寂期，但只要勤劳的海洋石油人勇于创新，敢于超越，终将会把每一个区块变成“勘探热土”。而这，也正是一代代海洋石油人传承赓续的精神特质。

故事启示

这则故事告诉我们，一个亿吨级油田的发现不是一蹴而就的，面对沉寂了十余年的勘探老区，勇于担当的勘探人敢冒险、不服输，底气和信心来自扎实的理论功底和一代代科技工作者的积累沉淀，因为坚持与热爱，虽曾步履维艰，但海洋石油人始终砥砺前行。

"海葵"入海，步步惊心

海洋石油工程股份有限公司 | 仝明磊 谢东升

2024年4月1日，亚洲首艘圆筒型FPSO（浮式生产储卸油装置）"海葵一号"（简称"海葵"）迎来下水作业。这是国际公认的技术难度最大、风险最高的作业之一。而且，这项作业由中国海油首次自主实施，挑战极大。

"海葵"入海，必须闯过起浮、调平、出坞三道关，而这三关一道比一道难！

第一关，起浮。原理很简单，就是通过注水，将在船坞里建造的"海葵"浮起来。可要让这个质量接近北京"鸟巢"、高度相当于30层楼的"巨无霸"浮起来，难度太大了。每一步都需要精确计算，快了、慢了都容易出问题。让人着急的是，上百号人从早7点忙到晚7点，"海葵"愣是一点浮动迹象都没有。

"设计、计算、现场指挥，都是第一次干，不会出什么问题吧？"虽然做了多轮推演，设计工程师杨宁还是有些担心。

"咱们做了十几种应急预案，有啥好担心的？"现场总指挥赵山泉嘴上这么说，可紧握的双手也不禁冒起冷汗。

"东侧开始起浮，西侧一直没动！怎么办？"对讲机里突然传来焦急的询问。

"我去看看！"杨宁"噌"地消失在夜色中。

经过认真勘查计算，团队决定采取应急措施：向东侧注水、同时从西侧排水，通过重力变化助力西侧起浮。

船舱内的大马力海水泵立即开启，粗壮的水柱瞬间喷涌而入。

一分钟、两分钟……

"动了！西侧动了！"20分钟后，杨宁激动得喊了一嗓子，现场一下子躁动起来。

船浮起来了，但第二关——调平的挑战也来了。“海葵一号”由60多万个零部件组成，加上独特的圆筒结构，下水时极易发生倾斜，如何把它调到水平状态成为严峻挑战。

100毫米、200毫米……不断增大的吃水偏差，让大家刚刚燃起的心，一下子又掉到冰窟里。

赵山泉立即召集各专业负责人，商讨下一步行动。会上争论非常激烈：如果继续注水，一旦偏差过大，可能造成船体碰撞乃至倾覆；如果把船坞的水排出去让“海葵”重新落回底座，船底极易发生碰撞，项目投产将受到重大影响。

“同志们，今天是4月1号，老外的愚人节，但干项目不能开玩笑，今天咱们得过个‘愚公节’，就是用手搬，也要让‘海葵’按时就位！”赵山泉的话，让大家为之一振。

经过反复研究，大家最终商定解决方案：打开所有船闸，全力注水至最高水位，同时边移船边调平。

“立即行动！”一声令下，100多人像蚂蚁一样在平台上忙碌。直到晚上11点半，船终于变得平稳了。

施工人员正在布设缆绳，为“海葵一号”下水后固定做准备

但第三关——出坞又摆在了眼前：适合出坞的潮水窗口，仅剩30分钟，而原计划至少需要90分钟。更糟糕的是，天气突变，阵风达到5级，海上还起了大雾。

赵山泉二话不说，立即带领作业团队，冲向呼啸大风和漫天浓雾中。他指挥引船小车，牵引8根比胳膊还粗的缆绳，拖着“海葵”全速前进。一时间，海浪冲击声、机器轰鸣声、人员呼喊声，混成了一首激昂的交响曲。

最终，在退潮前2分钟，“海葵”成功到达安全海域。接下来，作业人员又帮“海葵”在海里暂时安定下来，等忙完，天已经蒙蒙发亮，而晨曦下的“海葵”显得格外高大壮美。

“海葵一号”成功完成下水固定，稳稳就位于码头边上

看着两年前的几十万个“铁疙瘩”，成长为如今的“国之重器”，赵山泉紧绷的脸上终于露出一丝笑容。他大步走向施工场地，在那里，还有更多的“大国重器”等着他！

故事启示

"没干过不代表不能干，把别人没干过的事儿干成了，我们就是第一"。"海葵一号"下水作业团队直面挑战，勇闯三关，成功完成世界级难度作业。这则故事告诉我们，海洋油气资源开发之路不会一帆风顺，要走很多前人未走过的路，我们要以创新的精神、钻研的劲头和拼搏的姿态，时刻准备迎接前进路上的艰难险阻，不断推动海洋石油事业取得新的辉煌。

进军，向海洋深层“磨刀石”！

中海石油（中国）有限公司上海分公司 | 李文俊 段冬平

一块浸满油的海绵，轻轻一挤，油就“滴答滴答”流了下来，但从磨刀石里挤出油来，你见过吗？海上低渗油气藏开发，就像从致密的磨刀石中要油气，一直是世界级的难题。我们研究的海域拥有巨量油气保存在这样的“磨刀石”储层中，多年来始终无法有效开发，就像长期沉睡的海洋宝藏！

直到2022年7月，平均年龄不到30岁的我们，举起了“低渗气藏青年突击队”的旗帜，誓问磐石要油气！我们泡在办公室、机房、岩心库、实验室……深挖资料数月，终于在“磨刀石”中发现了较易开发的优质条带，它有一个可爱的名字——“甜点”。

“甜点”很薄，薄到在之前的研究中都被忽略了，但它却正是气藏“以甜带差”开发新思路的重要突破口，是打开这深海宝藏的“钥匙”！在加班加点绘制出4000米深层中的“甜点”地图后，突击队成功确定了第一口试验井！

可钻井前夕项目却突然被叫停，合作方提出，井位应该向南调整1千米。双方的意见若不达成统一，验证我们研究成果的试验井可就打不成了！突击队队长李文俊坚持道：“咱们的井就在最佳位置，不能动了！我来说服他们！”

论证会上，李文俊详细解释了“甜点”特征，当论证完这口井有三层“甜点”，一层比一层好时，合作方紧皱的眉头终于舒展了，双方达成共识，项目继续推进！

然而，当我们翘首期待喜人成果时，实际钻探却并不如预想中顺利。2023年4月23日深夜，前两层“甜点”钻到了，但关键的第三层却迟迟没有出现。

寻找“磨刀石”中“甜点”的发育部位

随钻室里气氛逐渐变得焦灼起来：“地质资料显示应该有第三层啊。”“必须钻到第三层，产量才有保障。”

突击队员讨论第三层“甜点”

“可如果只有两层，再往下扎穿了储层，井况可就复杂了！”还敢向下钻么？我们陷入了两难。

关键时刻，队长做出决定，“继续往下钻！相信咱们的判断。”随后，他坚持让大家先回家休息，保存精力打“持久战”，独自一人留下，守在电脑前紧盯着屏幕。

凌晨3：18，随钻曲线终于再次高高跃起。“成了！”紧盯着电脑屏幕的李文俊不禁喊了出来。“第三层‘甜点’果然在！”“增斜转平，巩固战果！”……凌晨的工作群瞬间炸开了锅，那沸腾着的，是每个人的喜悦。

一向内敛的队长竟湿了眼眶，他早该想到，让队员们回去休息是徒劳的，无论身在何处，心里那团火，都牵引着我们一起并肩作战，正如在井口点起的那簇熊熊火焰。

这口井释放了百万立方米产能，打破了此类气藏不能开发的固有认识，唤醒了沉睡多年的海洋宝藏！2024年五四青年节，我们受到了上海市表彰，我们的故事也得到了共青团中央的宣传报道。

七十年前，我国第一面青年突击队旗帜在北京高高扬起；七十年来，在急、难、险、重、新中挺膺担当的精神，鼓舞了几代青年；七十年后的今天，我们也扬起旗

低渗气藏高效开发青年突击队合影

帆，在海上低渗气藏领域再建新功！

前不久，我们的一口新井又将海上低渗气藏产能纪录再次刷新。是的！向海洋深层“磨刀石”进军的故事还在继续，因为我们热血付油气，无悔踏征途，心中有星辰，宝藏在大海！

故事启示

这则故事告诉我们，在事关国家安全战略的能源建设中，青年是不可或缺的重要力量。只有牢记“端牢能源饭碗”的殷切嘱托，践行“我为祖国献石油”的奋斗使命，锚准“掌握核心技术”的自立自强目标，勇于担当，持续攻关，才能走向更高更深更远。这种持续探索和追求卓越的精神，也将激励海油青年在海洋石油事业发展中不断取得新的成功和突破！

二十年争一口气

中海石油（中国）有限公司海南分公司 | 邓雨 吴盛龙

2024年春节期间，南海一隅仍灯火辉煌。随着“深海一号”二期工程综合处理平台成功接入崖城13-1气田，我国南部海域首个“四星连珠”海上天然气生产集群最终形成。这个投产27年、国内采出程度最高的老气田将接续自己的传奇。

“四星连珠”作业现场

与崖城13-1气田并肩作战27年的老友，一直在作业现场“督战”的陵水-崖城作业公司总经理李劲松，看着眼前灯火通明的“四星连珠”渐渐出神。

作为脚下这座国内首个对外合作气田的首任中方总监，李劲松的思绪恍惚回到了20年前，崖城气田作业权移交中方的那个夜晚。一位外方作业者认为项目不到两年就会经营不下去，但李劲松坚信，我们会管理好自己的平台。从那时起，他就暗下决心，无论如何，他一定要为崖城争一口气！

李劲松带领团队接管崖13-1气田

20年间，李劲松带领团队3次对崖城13-1气田进行降压生产。可以说，如果不是这3次降压生产，这个年产36亿立方米的国内首个千亿立方米级海上气田，其点亮维多利亚港湾20年的历史，怕早已中途消亡了。

3次降压生产，无一不是摸着石头过河，如履薄冰，步步策划。其中，最为动人的是第二次降压生产的故事。2014年，崖城13-1气田部分气井压力过高，无法继续生产，李劲松计划对部分低压低效井进行射流降压。当年，国内射流技术只用于输送蒸汽介质，进口天然气射流设备要价人民币七千万元，且不保证设备使用效果、不提供参数信息。李劲松握紧拳头，不肯服输，开始在国内寻找射流设备，几经波折，终于打听到西安某大学有一台天然气射流器。抵达后才发现——那是一台产气量不过一万立方米，还达不到工业化生产需求的实验型设备。

技术受制于人，难道真的只能妥协？此时，李劲松灵光一闪，是否能够将国内蒸汽射流技术跨行业应用？通过对比蒸汽与崖城13-1气田天然气，他们惊喜地发现，两种介质物性相似。在几个月夜以继日的分析试验后，他们成功生产出国内首台天然气射流设备。当设备被运送到平台的那一刻，众人的心终于落地了。几个年轻的小伙子，欢呼着互相击掌庆祝。

此后不久，中控室的电话却一路从总监处响到了作业公司——射流器超音喷嘴设计过于保守，气田产能一降再降。李劲松顶住压力联系喷嘴厂家，却被告知：改变设计必须征得专利持有人的同意。

“专利持有人是谁？”

“我厂董事长，时年八十岁。”

“他人在哪？”

“在三亚度假。”

李劲松一行人拎起包裹就去了三亚。电话打不通，就凌晨蹲守在酒店大堂，一直等到上午，远远看到那位耄耋老者走出来，李劲松几人抱着文件，百米冲刺般“围堵”上去，董事长被惊得连连后退，在老人家惊恐的眼神里，众人说明了来意。

十几个小时后，带着喷嘴现场拆解加工方案的项目组，完成了第二次降压生产，推动崖城气田增产12亿立方米。李劲松守住了当年的承诺——他们就是不服输，就是要争一口气，一次次拯救气田于危时，一直等到了“深海一号”二期这个“新生命”接入，使气田重获新生。

从崖城13-1气田到“深海一号”，从“四星连珠”到更深远的南海，这是海油人筚路蓝缕，搭建起的一个志在千秋的蓝色国土。

故事启示

这则故事告诉我们，在迈向深远海油气增储稳产的征途中，注定充满艰难险阻，但我们有责任、有信心、有能力经营管理好自己的油气田。只要有坚如磐石的理想信念，有创新创效的求实精神，一切困难就都能迎刃而解。在精神力量的引领下，海油人将继续谱写“碧海丹心，能源报国”的奋斗篇章。

三上开平斩获深水深层大油田

中海石油（中国）有限公司深圳分公司 | 刘滢 陈鑫 姜大朋

南海深处、地球深部，隐藏着一处处油气宝藏，它们如同巨浪下被层层岩石遮盖的明珠，静默地等待世人的发掘。

2024年3月，当开平南亿吨级油田大发现的消息公之于众时，立即引发轰动。这不仅是我国深水深层原油勘探史上零的突破，更是海洋石油人40余年不屈不挠、上下求索结出的硕果。

20世纪八九十年代，三家外国公司先后在开平凹陷打了三口探井，均铩羽而归，断言这里根本就没有油。但海油人的字典里从来就没有“认命”两个字，海油人二上开平，却依然是“见油不见田”，这让开平海域一度被贴上了“勘探冷区”的标签。

2019年，于水明，一个勘探老兵，带着一个不被看好的攻关小组，决心要“三上开平”。彼时，他们不仅面对困扰几代勘探人的烃源岩识别难题，还有外界的质疑和苦坐“冷板凳”的煎熬。但他们心中始终坚信开平是块宝，更存着一份对勘探事业的热爱与执着。大家立下誓言：“见不到油绝不放弃！”

开平凹陷的地层，断裂带纵横交错，勘探者仿佛置身于一张破碎的地图，始终无法看清“庐山真面目”。“拼好这张地图，一定能找到问题的关键所在。”于水明鼓励大家。大家熬红了眼睛，一点一点地去做解释，就像拿着一根针把这些破碎的地层一寸一寸地缝起来。

两年时间、1000多平方千米、3000多条断层，一张完整的“藏宝图”终于呈现在众人眼前，这让攻关小组对开平凹陷的结构特征有了全新的认识。一个颠覆性的想法在大家的脑子里萌发：之前找油的方向是不是搞反了？经过严密的分析论证后，他们决定向南打井。

"南海八号"钻井平台正在对开平南油田探井进行产量测试

2021年6月，开平南部第一口井开始钻探。传统的中浅层没有油气显示，2800米、3000米……直到3300米，终于有了连续油气显示！

开平南首战告捷，收获探明储量3000万吨——一个中型油田，谁还说开平不行？

但新的挑战接踵而至。开平南位于深水区，周边没有生产设施，要想开发动用，储量必须再翻一倍。去哪里找？

"'18-1'，只有'18-1'有这个潜力！"艰难紧迫之时，资深工程师陈兆明挺身而出，对一块曾5次被"放弃"的区块发起了新挑战。

2023年春天，"开平18-1"的第一口井开钻。所有人屏住呼吸紧盯屏幕上的随钻曲线。钻头刚触及浅层，气测便显示异常，达到目的层后，喷涌的油流彻底激起大家的欢呼。全井段共解释油层51米、气层47米，创造了海上深层测试日产超千吨的纪录！

中国海油勘探研究人员观察来自开平南油田的岩心

在接下来的3个月里，科研工作争分夺秒、海上四船同钻，展开了该海域有史以来难度最大、速度最快的勘探大会战。6000万吨、8000万吨、9000万吨……储量数据不断攀升，最终，探明储量超1亿吨！2023年12月，开平南油田顺利通过国家储量审查，实现了中国首个深水深层亿吨级油田的重大突破！

回想起那段时光，大家总是感慨万分。有默默无闻的付出、有据理力争的执着、更有不甘放弃的倔强。于水明总是很乐观：“你们说开平是冷区，我从小在冰天雪地里摸爬滚打，不怕冷！”和于水明并肩的“战友”很多——刚入职的江标总是眉头紧锁，去年大年三十，办公桌边的那盘酸菜馅儿饺子，放凉了都没顾上吃一口；同事们还记得淑雯跟远在新疆的小女儿视频时，孩子说：“妈妈，我好想你，你什么时候来看我？”她强忍着泪水说：“宝宝乖，等妈妈忙完这一阵就去接你。”还有要强的俊杰在测试成功的那一刻，悄悄转身望向窗外，眼角闪过百感交集的泪花……

如今，开平南油田群的开发方案呼之欲出，亿吨级储量将很快转化为产量。回想起油田勘探历程，这是一段充满智慧与勇气的奋斗旅程。一位位可爱可敬的科研人，他们有理想、有信念、有凝聚力、有创造力，正是这样的团队才让开平油田走到了今天。碧海丹心，能源报国，在这里是铮铮誓言，是一代代开平人用一吨一吨的储量回报海油、回报国家的拳拳赤子之心。

钻井平台上，钻井总监董武雄正在查看油样情况

故事启示

这则故事启示我们，在探索未知的道路上，无论面对多么艰巨的挑战，只要坚持不懈、勇于探索、敢于创新，就能够打破常规，实现看似不可能的目标，最终成就自己的梦想。开平南亿吨级油田的勘探历程，是一段充满智慧与勇气的奋斗史，也是中国深水深层油气勘探事业发展的一个缩影。

乌光

中海石油（中国）有限公司湛江分公司 | 王雯娟 王正君 罗茜允

所有熟悉乌石项目的人，都听说过这个词——乌光。它既是璀璨的日出之光，又是乌石人心中的理想和追求。

乌石海域深埋海底的黑金，从1976年被唤醒开始，用了近50年的时间，才从海洋走上陆地。

“乌光”第一次被项目部的人熟知，是在乌石油田作业公司生产经理张西迎的诗里——“十年磨一剑，出鞘展锋芒。豪情满胸臆，壮志擎乌光。”

2013年，乌石油田项目筹备组成立，张西迎也是其中一员。乌石油田周边有多个自然保护区和重要渔业海域限制类红线区，要想取得环评批复，可谓是关卡重重——不但要得到周边所有保护区近20个主管部门的支持，还必须取得广东省生态厅关于终端工程污染物总量指标的函件。

“你们这个项目离保护区太近了，一旦发生海上溢油事故，后果我们承担不起。”一听说离保护区这么近，多家相关业务领域的主管部门都面露难色。

筹备组连续讨论了好几天，总经理戴毅急得嘴角起了泡，仍然没有取得突破性进展。最后大家一致决定——改方案！改到让所有部门都能打消顾虑为止！

之后的几年时间，筹备组研究了上万份资料，与当地政府和相关单位进行了上千次沟通——雷州市政府大院的保安说他光看背影就能认出张西迎，“张经理每隔几天就会来一次。”

历时几年攻坚，项目终获开工建设“入场券”——2019年9月9日，乌石17-2项目收到国家生态环境部的批复。

这个我国海上首个全方位绿色设计油田，终于拿到了它的“通行证”，人们仿佛看到璀璨的乌光正从2000米深的海底亮起。

储罐区域清水罐管线安装现场

2023年，乌石终端工地施工热火朝天，现场突然闯入了十几个当地村民，他们不知道从什么途径得知这里要建“炼油厂”，情绪非常激动。

“听说你们要在这里建炼油厂？又有黑烟又有黑水，污染环境，我们不同意！”

一位上了年纪的老人直接躺在了地上，“谁要敢在这里建炼油厂，就踩着我身体过去！”

项目部的人哭笑不得。“不是炼油厂，是油田！”张西迎和同事们一边把老人扶起来，一边耐心劝说。他们给几位村民认真地讲解了油田的“绿色”设计，解释了什么是“零碳油田”。

“你们放心吧，我们的生产厂区不会排放黑烟，就连我们的生产水也绝对没有任何污染，处理后将达到A2级，跟大家喝的瓶装水一样纯净！”张西迎解释道，“零污染、零排放，我们是真真正正的绿色油田，环保一定按照最高标准来！”

“我们相信国家！相信央企！”老人家拍了拍张西迎的肩膀，带着村民离开了。

正如人们所期待的那样，中国海油始终坚定地贯彻“绿色”承诺。

乌石终端建设现场

2024年6月底，乌石项目宣布投产，这也是南海北部湾海域首个使用岸电的海上油田。不久之后，美丽的乌石终端附近，还将出现万吨级码头、大型物流和仓储中心，这里将发展成一个熙来攘往的现代化港口。

现场施工人员在原油稳定塔上进行管线施工作业

“云卷潮涌，铁臂迎风。

我看到红嘴鸥掠过湛蓝色的海岸和天空。

谁在吊机上镌刻了诗句？是汹涌的浪，还是嶙峋的风？

心有浩瀚，向海而兴。

我看到灰鳞鲀从桩腿上汲取了勇敢和热诚。

谁在泥沙中留下了烙印？是青春的火，还是奋斗的情？”

这是项目投产后，张西迎随手写下的几句小诗。两年前他开始到雷州市挂职副市长，现如今，他和他的同事们一起站在了璀璨的乌光下，将过往艰难，都撰写成了“诗和远方”。

那是他们的乌光，那乌光不也正是他们吗？

故事启示

这则故事告诉我们，只有解放思想、迎难而上、大胆实践，才能将不可能变为可能、将可能变为可期、将可期变为可见。开发乌石油田，既是几代海油人的梦想，也是中国海油履行央企社会责任的担当。中国海油始终践行绿色发展理念，积极推进绿色油气田、绿色工厂建设，已经取得了丰硕的成果，为实现高质量发展不断注入绿色动能。

“绕道”上潜山

中海石油（中国）有限公司天津分公司 | 康博微

渤海湾美丽富饶，石油资源丰富，然而造物者却给海洋石油人出了一道难题。“碎盘子”构造断层多，钻井作业苦于断层漏失而长期无解。

时间来到2020年，一次钻井失利让这一切发生了改变。

“一钻就漏，这个月三次遇到漏失断层了，愁人！”在渤中19-6试验区钻完井项目组，现场会已经开到了深夜，除了抱怨声就是长久的沉默。“渤中19-6”是千亿立方米大气田，而这个渤海油田的“金娃娃”却一点也不乖，处在渤海湾郯庐断裂带的边缘，储层断层像蜘蛛网一样密集交织，在其他区块很少遇到的钻井漏失，在这里令人谈之色变。

“这些拦路虎怎么就绕不开？”“绕？怎么绕？现在可是最优钻井轨迹，扭力最小最省劲。”一时间，大家围绕应该“直来直去”还是“绕道而行”争论不休。

时任试验区钻完井项目经理的崔国杰反复盘算后已经先做通了自己的工作，这位“直性子”出了名的行家里手这次笃定了“要绕一绕”，现在他想的是怎么让其他人摆脱既往的作业习惯，在思想上也转过这个弯。

他稍做沉思后来到众人中间，没有介入大家的争论，而是说起了一个故事。

一次他在海上当班，正在办公室做方案，突然一个钻工气喘吁吁跑来，可到了跟前却一句话也说不出来，拉着崔国杰就走，崔国杰以为出事了，蹬上工鞋，抓起帽子就往外跑。

确实出事了，怪事！泥浆池里竟然漂上来了黄豆，同样惊讶的值班监督指指井口，苦笑说钻井钻到了“豆子地”。跟着跑过来的一个老总监松了口气，说这是许久之前一次应急堵漏时向井筒里倒的黄豆。崔国杰在泥浆池边蹲了好久没回过神，堵漏剂各式各样，核桃壳、云母片都见过，用黄豆的还是头一遭。

故事讲完，大家都乐了，办公室剑拔弩张的氛围缓和了许多。崔国杰却笑不出来，他说："长久以来我们以'堵'为纲，怎么干都是围着'断层漏失'转，疲于奔命，面对地下迷宫连黄豆都被用来尝试当堵漏剂。"

回过神来的"崔国杰们"心里都有了谱，看似不可思议的事，实际折射出的是原有工作模式和思维定式带来的被动局面。浅层井堵漏尚能应对，像渤中19-6区块这里动辄四五千米的深层钻井，又是"一杵一个大窟窿"的地层，单纯堵漏实在不划算。

"堵是权宜之计，面对漏失地层，被动应考的局面该变一变了。"项目组的祝国伟心领神会地说道。"'直来直去'并不是最快路线，最优轨迹不是'最优解'。"项目组的一双双眼睛闪着光，彼此示意。

办公室异常安静，都在等待。崔国杰进一步解释道："以往把精力都放到了千方百计堵漏上，却一时忘了初衷，就是快速找油见产。咱们先让脑子转过这个弯，再让井眼转个圈，把断层避开。"

大家明白了，崔国杰倡导的是"勘探地质工程一体化"理念，就是把功夫下在精细化描述地层上，知己知彼，通过挪井眼的方式"绕着"断层走。

说干就干，地质组铺开图纸一番讨论后，边演示边说道："以现在这口'老大难'井为例，断层交错，看似无路，实际把井眼偏过去再偏回来就躲开了！"

随着一体化理念深入人心，配套技术不断完善，工程技术人把眼睛从储层转移到"断层"，实现从跟着钻头"俯首听命"到指引着钻头"有的放矢"的根本转变。

"绕道而行"的项目组很快在渤中19-6试验区"跑"出加速度，紧接着打下的几口井漏失率大幅降低。

初见成效的"绕道之行"也不都是坦途，提起士气的项目组，没多久又"蔫"了——井眼改变了，还是打漏了！"地层描述还要再细！"崔国杰联合多部门组建起一体化攻关小组，对地层"切蛋糕"。通过精细优化轨迹，漏失率再创新低，"一体化"也从技术理念被提炼为大家口口相传的"崔国杰工作法"。

渤海油田上产4000万吨的冲锋号率先在钻完井领域吹响，产量硬缺口在前，钻

崔国杰带领团队优化设计方案

井量成倍攀升，漏失率却显著下降。说起效益，原来一条钻井船8个池子装泥浆，半天见底，现在几天打完一口井时连一个池子的泥浆都用不空。一次堵漏要3天，而绕一次道只需多三小时，时间省下两天多，按钻井现场一天的综合日费超过百万计，可以有效提升生产效益。

2024年，渤海打出了第一口超深井——渤中19-6D1井，6088米！然而这口井钻井前半程崔国杰一直“绕道”避开井漏，钻进到“潜山”地层后却不绕了。崔国杰说：“不同深度地层的特点不一样，在潜山构造上，‘眼睛’得从断层再回到储层，因为漏失的同时也指示良好的油气存在，不能堵，要避免伤害储层。”

看似矛盾的“绕”与“不绕”之间，实际上是渤海油田钻井人以系统思维、目标导向对“一体化理念”的践行，“绕道”是为了快上“潜山”，上了“潜山”是为了采到熠熠生辉的石油花。

这就是渤中19-6钻完井团队走过的路，说是“绕道”了，好像又没有。

崔国杰在海上平台监督办跟踪现场钻井情况

故事启示

这则故事引发我们对于“路径”和“目标”的思考，人们常说“条条大路通罗马”，可是怎样从千百条路线中找出最优解，往往最让人苦思、困惑。有时候“以退为进”“以屈求伸”是一种智慧，看似偏离了前进方向，浪费了时间精力，但往往会给人带来“柳暗花明又一村”的意外惊喜。

一切为了按时投产

中海石油（中国）有限公司海南分公司 | 吴盛龙 汪洋

2024年6月24日的北京，晴空万里。

国家科学技术奖励大会在人民大会堂隆重召开，中国海油“深海一号”气田开发项目经理尤学刚作为领奖代表，怀着无比激动的心情现场聆听习近平总书记的重要讲话。

手里沉甸甸的国家科技进步奖一等奖证书，让他回忆起三年前气田投产的那一瞬。加入“深海一号”项目以来的一幕幕战斗场景，也在他眼前浮现出来。

“大气田开发等不起，保障国家能源安全更等不起！这个项目是全体海油人向党的百年华诞献上的礼物，我们必须按时完成！”2018年12月，从中国海油党组手中接过“战旗”的尤学刚，面对的不仅是一个落后计划6个多月的项目，还有“几乎不可能按时投产”的悲观情绪。他在会上咬牙坚持：“我们只能冲锋，没有退路！”

慷慨陈词很快化作行动。在尤学刚的带领下，项目团队发起总攻。“没有先例，就开创先例。没有标准，就创建标准。”大家像高速旋转的陀螺一样，对困难逐一识别、逐一解决，优化平台设计、强化技术研究，在项目初期成功挽回了一个几乎要推倒重来的加工设计方案，项目进度连同如期投产的希望被一点点找回。

“提高政治站位，坚定投产目标不动摇。挑战不可能，舍我其谁；奋战六二五，誓获全胜！”在项目组党员大会上，大家的斗志被项目带头人澎湃的热情点燃。“努力到无能为力，拼搏到感动自己”成为项目的奋斗口号，也成为很多项目成员的座右铭。

按照投产目标日期，尤学刚组织人员倒排工期，先明确建造节点，再把任务细化到每月、每周、每天。项目成员在尤学刚的带领下，走出位于广东湛江的南海西部工程建设中心本部，进驻全国各地甚至海外的设计建造场地，和设计方、施工方住在一起、干在一起。

“每周送审图纸超过700份”“在14天内召开近30场次专题技术讨论会”“项目负责人在船体结构封顶现场顶着瓢泼大雨从深夜坚守到清晨”……项目团队这种在国际同行看来近乎疯狂的工作状态，让项目进度飞快追赶计划。

然而，疫情的到来，又给所有人泼了一盆冷水。

“这是与时间、与生命的赛跑，坚决不能等，务必将疫情堵在场地外。”尤学刚为此担心着急，但脚步却始终不停，每天各种指令直达现场：“口罩到了没有？到了多少？”“进场专用交通车落实没有？盒饭怎么解决的？”“春节具体进场上班多少人？隔离等待有多少人？”……

2020年2月2日，他又直奔塘沽现场，召开“抗疫情、保生产”动员大会。当看到工人因防疫物资不足，重复使用染着锈色的旧口罩时，尤学刚内心一阵酸楚，下决心要想尽一切办法从全国各地找来防疫物资，保护好千余名作业人员的健康安全。

“深海一号”能源站建造现场施工日夜不停，确保气田按时投产

“我们都留下来！”当项目团队党员突击队成员把按满红指印的请战书交到尤学刚面前时，他知道这一仗一定能够取胜！

凭借团队日夜轮转的持续奋战，“深海一号”项目克服疫情冲击、图纸修改、工期紧张、精度苛刻等困难，终于在2020年6月拨开重重“迷雾”、迎来久违的阳光。20多项提速措施跑出了疫情下的“加速度”，创造了比国际同行业同规模半潜式平台提前18个月高质量完成陆地建造和合龙工作的工程奇迹。

“真羡慕你们有这样有力的组织、强大的动员能力和勇于拼搏的人员队伍。”在平台大合龙的现场，曾经断言项目无法按期完工的外方技术专家望着雀跃的人群和迎风飘扬的“党员先锋队”旗帜，不禁感慨。

在这欢呼声中，不少人流下热泪，有对项目从绝境中起死回生的感怀，也有无法见证孩子出生、陪伴儿女高考、送父母走完人生最后一程的遗憾。这一切都藏在尤学刚在“深海一号”项目工作906天记录的40万字笔记里，散落在经年以来数十万篇次对“深海一号”的新闻报道中，这一切共同铸就了这座中国海洋石油工业鼎立在深海之中的金色丰碑。

“深海一号”能源站从烟台启航前往南海

故事启示

“深海一号”这一令国际同行为之惊叹的工业奇迹，是推动我国高端装备制造从“中国产品”到“中国品牌”的坚实探索，也是“集中力量办大事”的新型举国体制优势在新时代海洋石油工业的鲜活例证。在挺进深远海的征途中，要坚定“矢志能源报国”的决心、“敢为天下先”的勇气和“全力冲锋，不留退路”的劲头，把党的政治优势和组织优势转化为发展优势，建国家之所需，造国家之所盼，不断创造新的更大奇迹。

油，一滴都不能少

中海石油（中国）有限公司天津分公司 | 马亮 严亮 朱想明

尽管岁月已经让这位老兵略显沧桑，但他依旧屹立在渤海南部海域，坚守在石油开采的第一线，他就是渤海边际小油田开发的先行者——渤中34-3WJ平台。该平台以“一个井口保护架、一条海底管线、一条海底电缆”的“三一”模式开发生产，从ODP设计的6年生产年限，通过精准维保、延寿评估、老龄化平台升级等措施，已连续贡献油气资源18年，实现了寿命延续、产量翻倍。

渤中34-3WJ平台日常采取无人化管理模式，由临近的渤中34-1油田负责管理维保。发生在这座无人平台上的一次深夜抢修保产让员工老范始终难以忘怀。“不好，老范，2D井过流停泵了！”渤中34-1油田对讲机里急促的声音打破了宁静。老范皱起了眉头，眼神中闪过一丝紧张和不安。“上午刚分析了产量形势，这个时候设备掉链子，急人呀！”老范轻声嘟囔着，手里却没有停下，检查着中控台上的报警信息。

夜色笼罩下，渤中34-3WJ平台矗立在渤海湾的汹涌波涛之中，它像一位饱经风霜的勇士，孤独却坚韧，期待着与它的“老朋友”的每次相聚。相聚不易，上无人平台要等穿梭船舶靠稳平台后，通过攀爬直梯登临，白天想上去都非易事，更何况在寒冬的夜晚。

不过老范还是放不下这位“老朋友”：“少一口井不会影响流程平稳，但会影响产量，这可是100方油啊！”老范的手指紧紧握住控制台边缘，眼前的数据和报警显得格外刺眼，“油，一滴都不能少”，这句渤南作业公司每一名员工放在心里的铮铮誓言在他耳边久久回响。

“收拾下，上去，‘急诊’2D 井。”老范坚定的语气，充满着决心与勇气。

渤海湾海况变幻莫测，冬季的海风冷酷无情，海浪如同巨兽般翻滚，波涛击打着平台，发出阵阵轰鸣声。温度骤降至冰点以下，寒风刺骨，给已经严峻的操作环境又增添了困难。

艰难地爬上平台后，不等喘口气，老范立即着手检查油井状态，抚摸着眼前冰冷的采油树，他脑海中思绪万千,一个个解决方案快速闪过。在确认电气设备稳定、井下参数正常后，他马上展开反洗，尽快打通油井生命通道。但由于反洗水到达平台后温度骤降，冷水在井下形成了新的乳化，这一策略并未奏效。

面对这一难题，老范沉思片刻后转而采取了柴油浸泡的方法软化堵塞物，这是一个既精细又严苛的过程。处理之后，再次尝试启泵，却又出现了电机过载高温的问题。

经历了这一系列波折，老范身上的棉衣已被汗水浸湿，深冬的黑夜来得格外早又格外漫长，老范用坚定的眼神凝视着远方漆黑的海面，耳旁再次响起那句铮铮誓言：“油，一滴都不能少！”他重燃希望，他坚信只要坚持下去，就会战胜挽救 2D 井的这场挑战。

短暂的沉思之后，老范决定尝试低频研磨和高频冲击的新方法，这一决定不仅基于技术考虑，也是出于对现场情况的精细判断。

启井过程中，工作人员反复查看确认参数

时间一分一秒地流逝，整个操作过程中，老范紧张地监控着电机的温度和泵的压力变化情况，随时准备调整操作策略。每一次有海浪冲击时，整个平台保护架都会随之轻微摇晃。

在持续的努力后，老范观察到电机的“高烧”逐渐退去，仿佛一头巨兽终于平息了怒火，温和地呼吸着。

艰难的夜晚渐渐过去，第一缕晨光透过厚重的云层洒在波涛汹涌的海面上。“取样口见油啦！”启井成功，声音在寒冷的清晨传来，仿佛带来了一阵暖流，驱散了老范体内的寒气和疲劳。

老范的脸上又露出了久违的笑容。这一刻，他感到一种难以言表的满足和自豪。这不仅仅因为他成功恢复了生产，更是因为在增储上产的征途中克服了又一个挑战。路虽远，行则将至；事虽难，做则必成。

“油，一滴都不能少”，是渤南作业公司上千员工的共识，也是海洋石油人保障能源安全的实践缩影。

故事启示

这则故事告诉我们，千万吨的产量是一滴滴原油积少成多汇聚而成的，一滴滴原油的顺利产出又见证了每一名海洋石油人的辛勤付出和执着坚守。“油，一滴都不能少”，是老范的誓言，而正是千千万万个平凡的“老范”，用担当和热血铸就了油气增长的坚实根基。

南油“开荒者”

中海石油（中国）有限公司湛江分公司 | 罗茜允 李晓红 韩燕妮

在中国海油四十余载历程中，有许多奠基者、先驱者，他们苦干实干，为中国海油求生存、谋发展。

安孝增就是其中一位老前辈。

“我18岁参加玉门石油会战，24岁参加大庆石油会战，后来又参加四川石油会战，到建设南油矿区的时候，我已经40岁了。”提起过往，安孝增如数家珍，他一生的峥嵘岁月也串起了中国石油发展史上的多个重大事件。

年轻时的安孝增

1976年，刚刚结束四川石油会战的安孝增，坐上火车一路南下，来到祖国大陆最南端，同近千名来自五湖四海的石油人一道，投身南海西部油田建设。南海西部油田是海油人奋战北部湾的大后方，生活在这里的人们喜欢称其为“南油”。

从漫天黄沙的戈壁大漠，到千里冰封的林海雪原，再到闷热潮湿的南国海滨，在“开荒者”眼里，变的是气候环境，不变的是恶劣条件。初到南油，大家一眼望去便是大片荒地、滩涂，而海油人要在这里建码头、盖房子！

安孝增被任命为南油基建大队长，大队成立后的第一件事是建设南油码头。当时，700条船不分昼夜地往海边运沙，他带领工人们靠人力一担一担地挑沙上岸，这才有了宽阔、坚实的码头地基。

第二件事是建造南油第一批住宅楼。此前，大家住的都是草棚，夏天热冬天冷，也挡不住蚊虫，条件非常艰苦。随着调来的职工和家属越来越多，住宿问题急需解决。

五月的南油骄阳似火，安孝增与工人们一道打地基、砌砖墙，作为为数不多的“老师傅”，他带头操作水平仪，用连点、画线的土方法测量排污管道坡度。

安孝增同建筑工人同吃同住同工，不分昼夜地赶工，“面朝红土背朝天，半身油泥半身汗”！终于，四栋四层高的家属楼，于1977年6月30日落成。

“那天大家都很高兴，还纷纷来工地送感谢信。住房问题解决了，大家有了落脚的地方，才能安心推进海上建设！”说起那天的情景，安孝增记忆犹新。“搞基建最大的困难是‘万丈高楼平地起’，最大的成就也是‘万丈高楼平地起’。”安老一语见地的总结透着满满的自豪。

安孝增说：“我们不止会盖房子，还会维修海上设备！”原来，对外合作初期，平台部分设备锈蚀严重，需要除油除锈。当时，外国公司要价太高，安孝增就带着维修队的工人们，在研究了50多个样品后，靠自己团队的力量，按时保质足量地将设备维修好，为企业节约了大量资金。

20世纪90年代初，55岁的安孝增被任命为运输公司经理，此时他发现公司情况远比自己想得复杂。“一个是修理，一个是运输，主营业务都需要改革，而且运输设备都用了20多年了。”面对众多棘手的问题，他大力推进改革，调整经营方向，决定向海上发展，走修理海上平台的新路子，带领企业走出低谷、成功转型。

1992年，为响应公司安排，安孝增顶住压力，带领运输公司第一个完成转制，走上“自主经营、自负盈亏、自我发展、自我约束”的经营之路。

从第一次邂逅石油，到1996年退休，安孝增把自己半生的光阴都奉献给了石油

广东省湛江市坡头区南油基地第四生活区全景（1985年6月中旬）

事业。“南油就像我的孩子，一切付出都是值得的。不过，它一天天成长，我却一天天老了。”鬓发虽白，油情未尽，安孝增退休后一直生活在南油，看着它从最初的荒芜，蜕变成现在拥有5个生活区和近百座生活楼，工厂、码头、办公楼俱全的矿区，看着南油矿区“三旧”改造项目正式摘牌，看着乌石油田群联合开发项目成功投产！

南油矿区现状

散步时，安孝增走在熟悉的南油街道，一直面带笑容。他深深地知道，无论南油变化几何，大庆精神和铁人精神会在这片土地上代代传承！

故事启示

这则故事告诉我们，所有“开荒者”都有敢为人先、勇于改革、善于创新的品质，正是这些品质让荒地、滩涂焕发新的生机，助力地区经济发展。中国海油的“开荒者”们亲身践行“到基层去、到一线去、到组织需要的地方去”，用责任与担当影响着一代又一代海油人，也为地区经济社会发展贡献央企力量。

在北极升起一面五星红旗

中海油田服务股份有限公司 | 张庆 贾克滨 张伟

我叫张伟，是一名深水物探船上的仪器工程师。这些年来，跟随着物探船的足迹，我先后去过喀拉海、加蓬、巴西、印尼等很多地方。可以说，世界上的海洋都是我们的“办公室”，每次作业都像是开“盲盒”，充满了新奇与挑战。其中，最让我难忘的故事，发生在北极。

2016年初，我所在的“海洋石油720”船队刚从缅甸回国，就接到了一项极其艰巨的作业任务。这次的工区位于北极圈内的巴伦支海北部，纬度达75度以上。我们要在深入北极圈腹地900多公里的位置，开展面积为4100平方公里的地震勘探作业。

海洋地震勘探需要在船后拖起几千米的电缆，作业本身难度就很大，而且在纬度高于北纬70度的洋区，存在着永久性的海冰，如果因为勘探中的振动，导致浮冰或者暗流接近船体，可能会对作业甚至人员生命安全造成威胁。

当时，在中国交通运输部的记录里，还没有一艘中国船舶抵达过这个地区，世界上也没有其他可供参考的经验。所以，在船队的早会上，一些人对首次北极作业心里没底，接连否定了好几个技术方案。是艇长于鑫一句掷地有声的话打破了僵局：“这不是技术的问题，而是信念的问题！”

“‘海洋石油720’是我们的物探旗舰，它所具备的无限航区的能力，意味着我们就是为了在全球海域作业而生的。只有闯过这片冰海，我们才能真正征服世界上的所有海洋，才能赢得行业的尊重，才配叫作‘旗舰’！”

这些话得到了在场全员的认可，事情也就这样定了下来。

2016年春节过后不久，于鑫带着我们在深圳码头集结、“登舰”，“海洋石油720”在42天里航行了22000多公里，终于抵达了工区——巴伦支海。

北极极昼期间，“海洋石油720”通过浮冰区

四月的北极正处于极昼时期，我们遇到了降雪的恶劣天气。冰海之上，没有方向、没有夜晚、更没有后援，雪花从天上纷纷飘落，四周像拉起了白色的帐篷，天地之间白茫茫一片，寂静和寒冷压得所有人喘不过气来。

相比严寒，极昼更让人难以适应。在国内工作时，12个小时为一班，每天两班倒换。但在北极，即便值班12个小时之后，凌晨一点钟的天空依旧阳光灿烂，令人难以入睡。

如果说环境的压力还能够克服，那么一根根6000多米长的勘探电缆就更让人头疼。北极的海面下波诡云谲，阴冷、幽暗、深不见底，轻轻碰一下海水便寒冷刺骨，电缆出现故障是常有的事。

记得有一次，一段电缆出现故障，只有作业下线的两个小时间歇能用来抢修。为了抢时间，于鑫带着我们背着装有几壶热水的保温箱下了小艇。寒风呼呼吹过，口中的哈气在嘴角的胡茬上挂起了冰晶。我们捞电缆、摘鸟、打卡子……渐渐地，双手不听使唤了，四肢麻木了，我们就用保温壶中的热水烫烫手，但热水也很快就被吹冷了。

工作人员身穿保温服在北极海域搭乘工作艇进行水下设备更换

下艇两个小时后，大家回到“海洋石油720”上，背上满是汗水，身体却仍然在失温。

然而，故障点还是没有找到。

一时间，沮丧的情绪在队员中悄然蔓延。于鑫见状没有多说什么，只是叫大家缓一缓，并准备好再次下艇。

这时，船头升起了一面五星红旗。当火红的国旗在冰冷的海风中迎风飘舞，一种真挚的爱国情怀和安全感充盈在每一个队员的心中。这一刻，炽热打破了坚冰，没有人再多说什么，只是都默默地背好了保温箱，再次迈开前进的脚步。尽管手脚仍然麻木，但队员们目光坚定，放艇抢修又回到了熟悉的节奏。北极似乎感受到了海油人的热忱和坚毅，终于，故障顺利解除！隆隆的作业声再次响起！

最终，在历时6个月、跨越大半个地球后，我们圆满完成了巴伦支海的作业。

“海洋石油720”完成了我国首次北极海域地震勘探作业，让我国具备了在全球海域实施三维地震勘探作业的能力。升起五星红旗，也成为我们船队的一个仪式，在每次重要作业中激励着我们！

故事启示

在超高纬度、极寒气候的严峻考验下，“海洋石油720”船队凭借坚定的爱国情怀，勇于担当，无惧挑战，成功完成了勘探任务。这则故事告诉我们，只要怀抱坚定的理想信念，就能够克服客观条件的艰苦；只有发扬铁人精神，才能完成“不可能完成”的任务，进而持续提升中国海油深水油气装备在国际高端深水市场的竞争力和影响力。

“海洋石油720”在北极海域的工区进行勘探作业

煤层里找气的勘探尖兵

中联煤层气有限责任公司 | 赵卫 王兵杰

2021年，中联煤层气有限责任公司（以下简称中联公司）探明国内首个薄煤层气储量；2023年8月，央视新闻报道中国首个薄煤层气大规模开发项目全面投产；10月，我国发现首个千亿立方米深煤层大气田的消息再次得到央视新闻报道；同年，历经15年探索的河南焦作煤层气首获产能突破……

这一项项闪亮成绩的背后，是一群煤层气勘探人不断向难处攻坚，是他们用青春和智慧在黄土高原上亮剑，扛起了这面能源报国的大旗。这个故事，从一位名叫赵卫的“铿锵玫瑰”说起，她是中联公司勘探开发部的勘探资深专务，也是从事煤层气勘探的专家。

众所周知，煤层气是中联公司的立身之本。三年前，中联公司的深煤层经历了两次失败探索，且中浅煤层近十年勘探没有新突破，不仅如此，严格的矿权新政导致大部分煤层气矿权面临核减的风险。就在这关键时期，赵卫接下了煤层气勘探的重任。然而，这面大旗，如何才能扛起来？

“总结失败是基础，学习调研是核心，创新做法是关键”。为避免重蹈覆辙，赵卫带领团队走出去、引进来，大胆提出要在中浅煤层气井试验大规模压裂工艺。明确了方向，下一步就是一个字——“干”。大家深知必须抢“先”抓“早”，现场作业一刻都等不起。在赵卫的带领下，勘探团队每天查看重点井动态数据，每月组织分析会分析讨论，一次次深入现场，严控作业环节的紧密衔接，大家的笔记本里密密麻麻记录着每口井的分析结果。

赵卫（左一）与同事讨论中浅煤层勘探地质潜力及下一步工作计划

当时，面临矿权到期风险的河南焦作区块，是大家重点关注的项目。在做最后的矿权争取时，团队探索实施了大规模压裂作业，然而试采却迟迟不见效果。

“焦作为什么还没有效果？”“焦作可能并不适用大规模压裂，不会有效果的。”公司里的质疑声、叹息声不断。然而这并没有动摇勘探开发团队的决心。刚休完产假回来的赵卫，一想到后续可能矿权不保，便心痛不已。于是，她带着团队再次一遍遍分析数据，决定做最后一搏。无数次勘探团队的随钻会议上，激烈讨论的声音甚至会持续到凌晨，在大量数据和推演的支撑下，团队最终决定调整排采制度。

再次投入试采之后，果然扭转了焦作的不利局面，气井产量上升势头强劲，最终成功达产并实现了销售。15 年的坚守，换来区块从零到一的突破，那份喜悦与自豪不言而喻。

在团队的努力下，中浅煤层勘探逐渐打开了新局面，焦作区块产能突破、潘河薄煤层全面投产、鄂东中浅煤层气井收获高产……而同时，赵卫和团队更放不下的，是深煤层这块“硬骨头”。朝着这一目标，大家进行了一轮又一轮的研究分析，结论是深煤层开发需要试验更大规模的压裂。然而水资源调配、成本控制、压裂成效等挑战，横在了大家面前。

试？还是不试？

关键时刻，赵卫抛下了“定心丸”：“现在是勘探阶段，任务是要证实地下是否有气，必须要试！”

数百口气井资料、数十次选井分析、几十次头脑风暴……不到半年内，三战深煤层终于取得突破性进展，两口试验井达到提储条件，公司上下欢声一片。深度，不再是煤层气的禁区！

深耕细作换来满满收获，煤层气终于实现了多点破冰。现在，中联公司正团结一致加速建设陆上万亿大气区，而以赵卫团队为代表的煤层气勘探开发力量也将以持续攻关、持续奋斗的姿态，继续在非常规油气勘探开发道路上绽放精彩！

故事启示

在煤层气“风雨飘摇”时期，勘探人员向最难处攻坚，实现煤层气多点破冰，在加快中国海油陆上万亿立方米大气区建设的新征程上创造新的业绩。这则故事告诉我们，只有面对挑战敢于迎难而上，面对危机敢于咬牙坚持，才能在需要斗争、需要担当时，啃得下硬骨头、冲得破“娄山关”、过得去“火焰山”。

发展故事

02

从人间烟火到大国重器

中海油研究总院有限责任公司 | 李佳斌 王雨峰 高一迪

2021年6月25日，我国首个自营超深水大气田“深海一号”正式投产，实现了我国深水气田开发能力从300米向1500米水深的历史性跨越。

2024年5月29日，亚洲首艘圆筒型FPSO“海葵一号”抵达作业海域，重焕亿吨级深水老油田开发的全新生机。

新闻报道着振奋人心的成功时刻，却道不尽科研工作者们数十年如一日对自主创新的坚守。如果你问这两个“大国重器”的设计师李达这一路到底有多难，他一定会说：“不管多难，我们都一定能找到解决方案。”

“深海一号”的设计在全球尚无先例，每一个技术细节都需要自己摸索。“深海一号”大气田所在的海域夏季有台风、冬季有飓风，风风相扣，这么大的风险之下，产生的油该怎么处理？

“目前国内外没有可参考的案例，不过从技术上来说，新建原油外输管线是可行的方案。”

“但这就需要再增加8亿元的投入，咱们还得再想想。”

李达和团队成员一起围坐在桌前，这场深夜讨论再次陷入沉寂。

“唉，好难，要不我还是去给大家冲个泡面换换脑子吧！”团队里年轻的同事站起身试图打破僵局。李达的目光也随之移动到角落的保温瓶上。

“保温瓶内胆！”李达如获至宝，“我们能不能将凝析油储存在平台的立柱里？”他随即拿起桌上散落的铅笔，大胆地规划起来……

就是在这个夜晚，“世界首创半潜式储卸油母型船技术”横空出世。很少有人能

李达（右二）与团队成员讨论“深海一号”大气田设计难题

李达（右一）向团队专家讲述立柱储油创新设想

想到，此前从未独立进行过深水设计、首次“自主答题”的中国海油人，会选择一条连外方同行都没有想过的路。

“没有先例就创造先例，中国的大海一定要我们自己做主！”2017年冬天，李达在北京顺利完成了“深海一号”船体方案的汇报。

走下讲台的那一刻，他默默拿出手机，看着照片中父亲的笑脸，喃喃自语道：“爸爸，我做到了。”那一天，距离他的父亲离世还不到一个月，而他永远错过了与父亲的最后一面。“达则兼济天下”，父亲希望李达有大格局、大视野，他也是这样做的，敢为人先，虽有遗憾，从未有悔。

“轻舟已过万重山”，近年来，流花11-1/4-1油田迎来二次开发机遇。

“我们的浮式平台要能存储更多原油。”

“要足够经济划算！”

“还得稳稳立在台风多发、海况恶劣的南海！”

在这种情况下，圆筒型FPSO可能是最好的选择。

“但想得到一个完美的‘中国碗’还得再想点办法。”李达自言自语道。

在经历了无数个不眠夜，与团队多次“头脑风暴”后，他又一次被灵感眷顾，在生活中找到了答案。

李达潜心研究圆筒形FPSO船体摇摆规律

一天，李达站在水池旁一边刷碗，一边心心念念他的“中国碗”。突然，一股水流落在脚边——原来是他思考得出了神，水池的水溢了出来，一只碗在水中漂浮，仿佛一只小船在波涛中航行。他举起碗细细端详，手指触碰到碗底的圈足，“对啊，为什么不在碗底结构上做文章呢？”

就这样，李达像一位工艺师，给“海葵一号”这个大碗镶上了锯齿形“花边”，让它能够稳稳屹立于南海的波涛中。

从人间烟火到大国重器，从“深海一号”到“海葵一号”，创新探索同碧海丹心两相映照，写就了李达的深海逐梦之旅，却写不尽一位永不满足的探索者、一位永不疲倦的梦想家的故事。

李达并没有停下探索的脚步，下一站，他把目光从深邃的海洋转向了广阔的新能源领域，在这里，浮式天然气化工厂的蓝图逐渐清晰，海上风电的叶片悄然转动……在他的心中，一张张更加宏伟的蓝图正逐渐展开。一切，从“新”出发！

故事启示

日常生活中的烟火气，恰恰是“大国重器”设计者李达的灵感“触发器”。他以生活为墨，以细节为笔，绘就了一幅高水平科技自立自强的壮阔画卷。这则故事告诉我们，科技创新不会“天上掉馅饼”，科技自立自强更是“等不来、要不来”的。我们要以“时时放心不下”的责任感，以“舍我其谁”的使命感，在核心科技领域敢于超车、敢攀高峰，努力实现海洋油气勘探开发领域科技自立自强。

师徒“智”焊

中海油能源发展股份有限公司 | 吴倩 王旭 王会勇

“师傅，咱用机器人焊油气介质工艺管线怎么样？”下班前，徒弟小树跟着师傅老温在车间检查最新下线的水介质工艺管线时，突然问道。

焊工小树向师傅老温介绍机器人焊接油气介质工艺管线的优势

“你小子想得倒挺美！你知不知道两种管线壁厚差多少？所有参数都得推倒重来！费时、耗材不说，你能保证合格率比我手工焊的高吗？”没想到，话一出口，就遭到师傅的强烈反对。

可小树也有自己的想法：“师傅！这都数字化时代了，您总不能一直攥着手把焊不放吧！”说完，竟然转身走了。

看着徒弟离去的背影，老温站在焊接机器人手臂旁，心里有点不是滋味。

老温做焊工快30年了，对自己的手艺他总是充满自信，可每每谈到机器人焊接，他却忍不住怀疑：“这‘铁罐头’真能比我们这些‘老把式’靠谱吗？”

自从中海油能源发展股份有限公司装备技术公司（简称“装备技术公司”）引进

了一批先进的智能化设备，老温就发现，一向听话的徒弟小树变了。尤其是参加了系统的编程培训之后，小树一有时间就和年轻人扎堆讨论机器人焊接的各项常用参数，拿着本子又是记又是找规律，还为厂里的焊接机器人量身定做了一个“参数表”。

渐渐地，同事们遇到机器人焊接难题时都爱请教小树，他也摇身一变成了大家口中的“小树师傅”。老温觉得，徒弟开始敢跟自己“叫板”了。

焊工小树和同事在智能工厂讨论机器人焊接的常用参数

回到家，女儿看出老温有点不一样，问清缘由后，老温摇着头说道：“你们这些年轻人，翅膀硬了就不听话了！”

与小树同龄的女儿，却不服气地说：“您都不让我们试试，怎么知道我们不行？”

这让老温陷入了沉思。

两年前，机器人焊接率先在水介质工艺管线应用。过去，厂里的技术骨干为了实现焊接合格率100%，对焊接参数要反复摸索好几个月，可机器人一上马，又快又稳，不知疲惫，比手工焊的效率高出许多……

想到这，老温心里生出点别的滋味：“也许，我真的跟不上时代了！”

另一边，小树沉浸在自己越记越满的小本本中，却赫然发现师傅在入职第一天对他的教诲：焊接的本质，是对每一个参数的精益求精。是啊，手工焊也好，机器人焊接也罢，都不能忘记焊接工作的根本！

第二天一上班，师徒两人再次相聚在焊接机器人旁。

“师傅，我昨天那样跟您说话，是我不对。”

“小树，我突然觉得机器人焊油气介质工艺管线或许可行！咱们一起琢磨吧！”

于是，每天工余时间，同事们总能看到一老一小趴在焊接机器人旁边，反复测试、调整、归纳。

老温对各种焊接工况和焊材性能了然于心，使机器人焊接参数的设定事半功倍；而小树能熟练编写机器人焊接程序，让焊接效率快速提高。

“终于对上了！”在一个多月后的一天傍晚，焊接轨迹、成形情况以及完成时长全部达标，这让师徒二人不禁击掌欢呼。随着一条条焊接参数输入程序，装备技术公司实现了将自动焊接技术应用到油气介质工艺管线上的拓展。

车间里，焊接机器人手舞足蹈，焊接流程有条不紊，新质生产力的气息扑面而来。手握终端的老温在弧光闪烁中双眼有些模糊，他没想到自己临退休前，在徒弟的帮助下，也赶上了数字化焊接的快车。

2024年3月，随着装备技术公司海洋平台运维工程管线预制智能工厂全面投产，老温师徒和同事们将管线预制生产效率提高了近1/3。2022年以来已累计为海上平台预制管线超13万寸径，在渤海油田增储上产中发挥了重要作用。工厂不远处，我国首个海洋油气全生命周期智能装备制造基地正拔地而起，千千万万对“老温师徒”将在数字化转型升级进程中与时俱进，全力奔赴。

老温和小树这对焊工师徒，将在数字化转型中全力以赴

故事启示

临近退休的焊工老温在徒弟的帮助下，终于赶上了数字化焊接的快车。这则故事告诉我们，面对数字化时代考题和发展新质生产力的要求，员工产生畏难情绪在所难免，但绝不能被传统思维束缚。不论新老员工，都需要放平心态、正视自己、勇于突破、坚持学习。只要新老员工携手，定能在取长补短、互相学习中实现双向奔赴。

“老水手”托起“新希望”

中海油国际贸易有限责任公司 | 李轶宁 淦茂杰

中国南海，晴空万里，碧波荡漾。“深海一号”能源站静静地矗立在1500米深的海面上，旁边连接着一个“小不点”勤劳地运送着平台生产的凝析油。对！这个“小不点”正是为“深海一号”量身打造的国内首艘动力定位穿梭油轮——中海油国贸“北海新希望”轮。

“北海新希望”轮连接“深海一号”提油作业

大家可能疑惑什么是动力定位穿梭油轮？她也叫DP油轮，其搭载的DP系统，能使船舶在深海保持稳定静止，还能配合艏部装载系统开展提油，完美克服了超深水复杂海况对常规油轮作业的各种限制。“北海新希望”轮是全球最小的DP油轮，吨位仅1.5万吨，正因如此，其设备集成难度极大——如同将一艘航空母舰的设备硬塞进一艘潜水艇。

“北海新希望”轮有了，可谁来开呢？国内没人会啊！要知道，当时的动力定位配合艏部装载系统提油作业还是“无人区”。2021年启动班组配员时，一位位具有多种船型作业经验的“老水手”都有些却步，因为没人接触过DP油轮，心里完全没底。但大家虽然犹豫彷徨，却也心潮澎湃：“现在国家有能力开发深海资源了，作为第一批挑战关键技术的船员，这是最好的时代，一定不能错过！”这一信念激励大家登上“新希望”，开始向DP技术运营“高地”冲锋！

面对一无所知的DP操作，大家发誓要啃下这块“硬骨头”，在设备安装调试阶段便提前进场。近40摄氏度的三伏天，狭小的船舱里每天挤满了上百号人，大家上千次地试验设备，一字一句啃下费尽功夫才找到的1500多页英文说明，一群人经常讨论到深夜两点，六七个人挤在一起打地铺，清晨依旧正常工作，空闲时间也追着外籍工程师求经验。经过不懈努力，提前完成所有试验，成功完成试航任务。

班组成员讨论DP操作

2021年8月31日，经过数月苦练，这群老水手顺利攻克了上千项技术指标，成功将靠泊操作定位精度缩小到分米级别并完成提油，实现了国内DP油轮提油作业零的突破！“老水手”终于托起了“新希望”！

“北海新希望”轮运行两年多累计完成61个航次，自主靠离泊120次，安全航行4.9万海里，保障平台凝析油安全外输近63万吨，从未出现船舶故障导致的停航、停装，为“深海一号”的凝析油外输提供了坚实支撑，为海油DP油轮管理积累了宝贵经验，也为我国DP油轮行业培养了一支素质过硬的船员队伍！

“北海新希望”轮班组

回想最初连接大缆和输油管要从清晨奋战到下午，而现在我们已经把靠泊时长从7.5小时缩短到2.5小时，不断刷新着国内油轮操作纪录。这背后是班组1000多个昼夜兼程的接力奋战，是152位新老船员、2673人次的“传帮带”培训，是从无到有、自主编制的229项DP油轮操作文件，是全体班组敢为人先、不甘人后的非凡志气！

“北海新希望”轮启航于建党百年之际，向党而生、为国而行。这些“老水手”

乘着“新希望”勇闯在新时代的蔚蓝大海，与祖国海洋油气事业一同迈入“超深水时代”。如今，公司另外两艘15.5万吨DP油轮已成功交付，犹如闪耀地双子星驰骋在广袤的大西洋。我们始终牢记习近平总书记嘱托，在向海图强的航线上谱写新的辉煌篇章。

故事启示

“北海新希望”轮为我国培养了一支素质过硬的DP船员队伍，为“深海一号”运营提供了坚实支撑。这则故事告诉我们，在攀登技术“高峰”和攻关“卡脖子”技术的过程中需要我们坚守初心、大胆探索，坚持真抓实干，勇于担当尽责，将每一次的技术突破、能力突破转化为发展突破，在充满光荣和梦想的远征中书写无愧于时代的亮眼答卷。

挺进深海3000米

中海油田服务股份有限公司 | 张庆 贾克滨

2023年8月，“海洋石油720”船队从湛江出发，到珠江口盆地开展勘探作业。这是一次特殊的作业任务，摆在船队面前的，是“冲击极限，打破质疑”的艰难挑战。

这次作业区域的平均水深是2000米，最大水深达到3500米，分别达到了我国海上开发油田和钻探油田的“极限深度”。船队的任务，是用地震勘探技术穿透这层超深水，为海底勘探目的层做一次全面“CT”，寻找可能储油的地质构造。

“中国技术行嘛？”队伍里隐隐传来质疑声。超深水三维地震的技术门槛高、研发难度大，在中国海油自主研发的“海经”系统诞生之前，世界上仅有两个国家具备此项装备技术自主研制能力。如今，“海经”系统刚刚列装一年，还没经历过什么“大风大浪”，一上来就要丢掉“洋拐棍”，独立完成如此重要的任务，队伍需要更大的信心。

船队经理叫刘建军。他人如其名，说话带着一股军人的干脆劲儿。船队出发时，他拉着团队成员说：“你们有没有想过，这时候不做，那时候不做，什么时候做？你不做，我不做，谁来做？咱们非要等到被国外技术封锁以后再去做吗？”这3个问题抛出来，队伍里一下子没有了小声私语，都肃静了下来。

刘建军趁热打铁说：“不就是3000米深水嘛，我看也没啥。10年前，咱们去勘探陵水17-2油田的时候，有人觉得1500米也深，现在咱们不是都实现开采了嘛！”

“要先干，干了才能找到路！”临行前领导交代给刘建军的这句话，此时此刻，变成了整个队伍的共同信念。“海洋石油720”船队带着中国海洋石油工业的坚定决心，向3000米超深水首次“进军”！

“海洋石油720”尾部拖着“海经”系统

9月，船队按计划抵达作业海域。在这片远离陆地450多公里的深海上，船队缺少岸基支持，也没有海上平台可依托。无边无际的海洋像是贫瘠的荒漠，让这次挑战极限的作业变得更加艰难。船队鏖战7个日夜后，终于把10套8000米长的“海经”电缆铺展到海上，向“犁田”一样，在这片“未开垦过”的海域顺利开工。

但就在这时，瞬息万变的深海展现出它恐怖的一面。

10月初，船上收到一条令人担忧的消息：多个“土台风”突然纠集起来，形成了超强台风“小犬”，将在5天内扫过当前作业区域，勘探作业面临巨大威胁。

“小犬”来势汹汹，整个工区都开始撤台。

如果收缆避风，项目进度必将受到影响，难道就这样放弃即将取得的作业成果？在连续两个不眠夜的研究之后，刘建军终于发现了“小犬”的弱点：在运动过程中，强度逐渐减弱，如果航线规划得当，“躲着台风跑，边跑边勘探”，能争取到3天的宝贵时间，完成3000米水深的全部勘探任务。

正当大家为新的方案全力以赴时，天气已经受到了台风影响。原本风平浪静的海面出现了1米多高的涌浪，这些涌浪相互叠加，可能会把水下的电缆卷到海面上，造成数据超标作废。可谁也没想到，初次见识深海的“海经”系统，一点也不“怯场”，凭借精密的算法，它始终稳稳地将这片庞大的数据采集网控制在规定的深度，给大家吃了一剂“定心丸”。

可新的问题接踵而至，中控室里的一组监控数据突然变红。经过雷达比对，原来是台风卷来的一大片渔网挂住了“海经”，接连让三个深度控制器失去了作用。如果不及时处理，在持续的涌浪下，整条8000米长的电缆都可能被带到水面上，导致作业失败。

“‘海经’已经证明它自己是‘好样的’了。现在，轮到咱们上了！”刘建军斩钉截铁地做出了决定，带着精干队员组成了水下抢修队，搭乘工作艇，穿过一个个小沙丘似的涌浪，快速驶向故障区域。

工作艇驶离大船前往工作区域

“拽渔网！换罗经！稳住电缆，快！”在摇晃颠簸的小艇甲板上，他们抓住稍纵即逝的机会，又快又稳地完成了1000米长的“海经”救险任务。

战天斗地，与海共舞。海油人的勇气最终战胜了风浪，在台风来临之前，“海洋石油720”完成了3000米超深水勘探作业，绘制出我国首张3000米超深水三维地质勘探图。

碧海丹心，能源报国。用我们自己的设备，开发我们自己的能源，助力我国成为全球第三个具备超深水油气自主开发能力的国家，找到更大规模的海上油气资源，这是中国海油的责任，也是中国海油的担当。

在挺进深海3000米的新征程上，我们勇立潮头，誓争第一！

故事启示

深水物探船“海洋石油720”搭载“海经”系统，克服台风等恶劣天气，成功完成了我国首次3000米超深水三维地震勘探作业。这则故事告诉我们，面对未知与困难，勇气和决心是前进的灯塔，海油人勇于战风斗浪，也一定能战胜风浪。“用自己的装备开发海洋油气资源”是中国海油不变的追求，尤其在向深、向远、向更难挑战进发的新征程上，中国海油不断推进海洋高端装备制造的自主研发和自主建设，乘风破浪，勇立潮头。

“海洋石油720”搭载“海经”系统完成我国首次3000米超深水三维地震勘察作业

海上驯油师

中海石油（中国）有限公司湛江分公司 | 杨金蔚 罗茜允 王彩旭

扎根蓝海15年，他先后参与9个海上装置的建造、投产工作，连续牵头攻克关键核心技术，带领团队解决了百余项生产难题，为公司增效上亿元，先后荣获全国能源化学地质系统“大国工匠”、“全国技术能手”、“中央企业技术能手”、“中央企业青年岗位能手”、广东省“南粤工匠”等市局级以上荣誉41项。他就是国家级工作室领衔人——陈可营，一个积极努力、凡事做到极致的人。

2009年，陈可营来到南山终端。短短2年，他就从一个毛头小伙儿蜕变成中国海油技能大赛金奖得主，成为海洋油气开采领域技术技能复合型领军人才。

2012年，陈可营加入涠洲12-8W/6-12油田生产准备组。试生产日期临近，项目按时投产却遇到了困难。陈可营思索再三，认为要想找到影响投产的关键问题，最稳妥的办法就是“查线”：沿着每一条管线从头到尾查问题，大到一台设备，小到一个阀门、一颗螺栓，逐一摸排。由于频繁攀爬笼梯，陈可营平均五天磨破一套工衣，手上更是结出一层厚茧。最终，问题成功被找出并顺利解决，项目按时投产。

南海北部湾海域气候多变，面对海上平台频繁受台风袭扰影响产量的情况，陈可营提出进行台风遥控生产改造。

这项改造涉及专业繁杂，又没有成熟经验可借鉴。起初，大家认为仅靠一线力量，不可能完成改造。“挑战往往和机遇并存，作为一线技能人员，只有敢想敢拼，才能创新创效！”陈可营同“不可能”较上了真。

他带领团队开展技术可行性分析，查找国内外相关案例资料，尝试从技术到管理全方位自主构建遥控生产模式体系。经过无数次讨论，遥控生产模式的脉络逐渐

陈可营在新项目投产前对设备进行检查

清晰，其技术路线也愈发明朗。

在改造实施过程中，如何实现地面安全阀远程控制，满足油井安全关断需要成为技术推进的“拦路虎”。陈可营带领团队大胆创新，以单井为试点，设计了4种供气模式，对液压管路及控制逻辑进行升级改造，实现了地面安全阀远程开关的技术突破。

2023年7月，台风“泰利”过境，陆地遥控生产值班人员对海上暴风雨引发的故障报警一一确认，并将设备一一复位，同时综合研判现场生产工况，进一步检验了文昌油田群轻质系统台风遥控生产的可靠性，为“智能防台”模式的推广奠定了坚实基础。

2016年，陈可营牵头成立海洋油气开采技能大师工作室，专注于海洋油气开采领域科技创新和技能人才培养。陈可营站上讲台，对学员们倾囊相授，用一个个仿真演练场景，为学员们带来沉浸式学习体验。

“比赛内容均源于日常工作，比的不是谁会操作，而是谁操作更规范、专业和高效。”已是深夜，仿真平台里仍然闪烁着微弱的灯光，陈可营一边同参赛选手一起实操，一边传授大赛心得。这是2023年中国海油第十二届职业技能竞赛前的一幕。

调整井作业前，陈可营在现场检查

陈可营在技能培训中心授课

“药剂调配的时候，我总是超时，该怎么优化？”“油水界面如何调整才能达到最优？”面对参赛选手抛出的问题，他都会耐心解答。

有人劝他减少培训时间，不要太过辛苦。陈可营笑着说：“我当年参加技能大赛的时候，非常渴望能有人指导我练习。如今，我在这些年轻人眼中看到了同样的渴望。我有余力，就不能让他们独行。”

工作室成立以来，陈可营累计开展授课6500余小时，培训对象覆盖“老中青”员工5000余人次，先后培养出“大国工匠”1人、“全国技术能手”9人、集团公司级技能专家4人、技师及以上高级技能人才83人。

此外，他还深度参与中国海油技能鉴定课程体系开发及题库建设，累计编写各类培训教材15万余字。海洋油气开采技能大师工作室先后获广东省、中国海油集团公司授牌，并获得“国家级技能大师工作室”称号。

从攻克技术瓶颈到步入国内前沿，从担当企业责任到肩负国家使命，陈可营始终传承并发扬工匠精神，既有“择一事终一生”的执着，也体现着“苦干实干才能增长才干”的信念。

故事启示

从毛头小伙儿到中国海油技能大赛金奖得主，从团队领头人到培训老师，陈可营的故事告诉我们，只有苦练本领、开拓创新，才能深耕蓝海；只有苦干实干、勇于争先，才能增长才干。凡事只要做到极致，就能把“不可能”变成“可能”，将工匠精神书写在平凡岗位上，为国家能源事业贡献自己的力量。

从“观众”到“主角”，撑起深水“半边天”

中海石油（中国）有限公司深圳分公司 | 刘滢 陈鑫 姜大朋

随着番禺油田群联合开发项目两座无人智能平台导管架顺利下水，张琪与同事的脸上都洋溢着胜利的喜悦，这是她升任设计部经理后打下的又一场“硬仗”，也是她加入深水工程建设中心后顺利实施的第6个项目。

回望来时路，每一座伫立在浪潮中的海洋设施，都能映照出她曾经奋斗的身影。而有一座“深海利器”，在张琪的心中显得格外不同。

2018年的盛夏，蝉鸣与热浪交织。

此时办公室的投影屏幕上展示着“海洋石油119”LPG（液化石油气）模块的设计基础数据，长桌两边分别坐着国外设计公司与流花项目组成员，本该轻松平和的会场却弥漫着紧张的氛围。

“海洋石油119”是我国首个自营深水油田群——流花16-2油田群的核心设施，也是迄今为止国内应用水深最深、功能最复杂的FPSO。面对这样一个“海上油气超级工厂”，基本设计显得尤为重要。

“各位，根据最新报告，新增油藏数据与旧数据存在显著差异。为了项目的长远利益，我建议贵方修改LPG的设计方案。”作为项目组中唯一的女员工，张琪巾帼不让须眉，声音清脆、坚定而有力，一时打破了会议室的沉默。

“张工，设计方案已经接近尾声，推翻重做将带来巨大损失。我们认为没有必要。”对方显然不太赞同张琪的说法。

“海洋石油119”全景

在流花16-2油田开发项目分工中，张琪主要负责与外方设计人员进行沟通，坐在会议室一隅的她，不管对方怎么看，她从不把自己定义为一名“观众”。

张琪继续据理力争，声音比刚才更加坚定、铿锵有力。“油藏结果显示轻组分显著增加，如果维持现有工艺流程，将可能导致原油无法处理，整条油轮无法投用。这样的后果是各方都不能承受的。”

博弈还在继续，对方一一列举过去的成功案例，丝毫不做退让，试图让张琪和她的同事们知难而退。然而，张琪并未被他们的言辞所动摇。她深吸一口气，用更加坚定的语气说道：“基础数据的变化如此之大，我们不能视而不见。各位都是海洋石油工程领域的佼佼者，应该深知经验要在创新中灵活运用才能帮助我们不断取得新的成绩。我们要实事求是，从实践的源头出发开展工艺设计。”

双方你来我往，数次交锋，最终外方代表被她话语中的坚定和诚恳打动，最终双方达成了一致意见：重新梳理基础数据，修改工艺系统流程。会后，外方代表特别表示敬意，称赞张琪巾帼不让须眉，她俨然已成为这场实力与智慧交互博弈的“主角”。

最终在张琪的带领下，流花项目成功实施了国内第一套浮式轻烃回收系统的方案设计。当“海洋石油119”项目投产后，现场实际物流取样结果与设计阶段采用的油藏数据基本一致，成功解决了开发过程中伴生气回收困难的问题，避免了工艺系统无法投用的重大损失，为项目增加了上亿元的收益。

张琪在工作现场

正是因为秉承实事求是、敢于斗争的精神，南海东部油田才能不断向着深海挺进。以张琪为代表的巾帼奋斗者们，以其卓越的组织管理能力和敬业精神，在工程建设领域闯出了一条赛道。

从“观众”到“主角”的转变不仅是对以张琪为代表的巾帼奋斗者的肯定，更是对我国深水工程装备技术的肯定。未来，工程“铁军”将继续向着世界一流的目标迈进，以金戈铁马驰万里长虹的姿态，书写属于中国的深海传奇。

故事启示

这则故事告诉我们，推动如张琪一般的海油人从“观众”变成“主角”的不是璀璨的聚光灯，而是从幕后默默耕耘到台前据理力争的执着与坚守，她们或许从不曾对自己的“身份”进行界定，给出她们“标签”的常常是合作伙伴或博弈一方，这个“标签”的转变饱含着赞许、敬佩与尊重。

“三火哥”的“三昧真火”

中海石油（中国）有限公司深圳分公司 | 张慧敏 李晓琪 黄子阳

随着全球油气勘探走向深层，储层预测已成横亘在持续增储上产面前的一道难题。海油科研人深知，唯有自主创新，方能破局而出，掌握关键核心技术的话语权。

正是在这样的背景下，一位来自中海石油（中国）有限公司深圳分公司（简称“有限深圳分公司”）研究院的一线科研工作者——身边人亲切称为“三火哥”的朱焱辉，凭借其独特的“三昧真火”，成功攻克了中深层储层预测的技术难题，为中国乃至全球油气勘探领域贡献了一份宝贵的力量。

“我来试试！”这句简单而有力的话语，如同春雷般在研究院一次工作会议上带来不小的反响。

“他个头不是很高的，几百人的会场里一眼望去都看不到他，但是那个坚定的声音，我现在都记得。”有限深圳分公司研究院院长至今仍清晰地记得那一刻，记得那个瘦小的身躯背后所蕴含的巨大能量。

没错，这个人就是朱焱辉。他就像西游记里那团风吹不熄水扑不灭的三昧真火一样，拼了命地燃烧着自己，以求自主研发创新。

那次会后，他迅速组建了4人技术攻关小组，开始带领团队攻坚复杂储层与流体定量预测的行业难题。他说，我一定要研发出咱们中国人自己的技术！

时间来到2018年，朱焱辉率领的小团队在快节奏的生产环境中毅然选择“沉潜”，专注于研究“深海”。

他们首先面临的挑战是“水土不服”的困境。朱焱辉自2006年起在生产一线工作，其经历与学术研究环境相去甚远，现实工作要求他要跨越从数学、物理、算法

朱焱辉与同事在分析地震数据拓频效果

工程到编程的多元领域，应对跨学科、跨专业的考验，因此，他也被同事称为“一人多职”的“全能战士”。

其次面临的挑战是理论经验的大片空白。由于国内这一领域的专业软件尚未成型，团队自主研发遇到困难时只能回归书本。从查阅论文到研究原理，从推导公式到算法实现、应用测试、团队攻关，朱焱辉团队甚至重新翻阅起大学时期的高数书和物理书。有时对着一个公式，在办公室一直坐到天亮，因为反复推演，一天要用掉几百张草稿纸。

也有人劝他不用那么较真。公式拿来用就行啦！可是他说：“搞技术，最怕拿来主义。只有真正深入透彻地理解原理，预测结果才能被信服。”

研究的过程偶尔也伴随着惊喜。一天深夜，朱焱辉抱着孩子在客厅溜达的时候忽然顿悟，想通了坐标轴下降算法，此刻的他高兴得也像个孩子。

当他沉浸在突破带来的喜悦中时，无情的冷水泼了过来。有人质疑他的方向：“天天研究这些有什么用，生产单位要的是储量。”有人不理解他的努力：“程序优化实现不了，现在的算法根本不适用”。连朱焱辉自己都说：“有时真感觉自己像个局外人，找不到尽头也看不到光亮。”压力之下，朱焱辉仿佛置身于一条充满未知且光明难觅的隧道中，年仅35岁的他为此增添了许多白发。

经过无数次的试验与验证，2020年，朱焱辉和他的团队终于迎来了胜利的曙光。他们成功研发出了一套中深层储层预测技术体系。这项技术体系包含了8项核心技

朱焱辉在查看地震数据资料

术，其中1项为国际首创、7项国际国内领先。

这项技术如同“火眼金睛”，能够精准地探测到未知的海底地层，极大地提高了储层预测的精度，预测准确率大幅提升。“我们第一次真正做到了整套技术体系完全自主研发！”朱焱辉难掩内心激动。

如今，该技术已推广至全海油使用。从无到有，朱焱辉和他的团队用实际行动证明了中国在深层油气勘探领域的创新能力和技术实力。

朱焱辉的“三昧真火”不仅指他敢挑重任的勇气，直面挫折的锐气，深耕领域的韧气，更是对他集数理基础、算法和编程于一身的超强工作能力的精准诠释。

他的目光从未聚焦于单一的技术，也从未满足于一时的研发成果。他始终走在破解生产难题的一线，以精准无比的算法为笔，以严谨细致的测试为墨，为南海东部油田，为中国海油不断书写新的篇章。

故事启示

这则故事告诉我们，创新无界，坚持为钥，勇于探索，方能突破技术壁垒，书写科技强国新篇章。“三火哥”朱焱辉用“三昧真火”般的热情攻克难关，从“编程菜鸟”到“技术大神”，面对重重困难，坚持深入原理、脚踏实地，最终研发出国际领先的中深层储层预测技术，显著提升了勘探精度。

浴火重生的极地凤凰

中国海洋石油国际有限公司 | 罗曼 徐文威 陆迪

在岁月的长河中，有一只凤凰曾在邻近北方极地的冰封土壤上筑巢。2013年的一个凛冽二月，她被一股来自东方的力量唤醒，中国海油以非凡的胆略和魄力将其拥入怀抱。

她，便是成立于1971年的加拿大尼克森公司。

2018年底，中国海油完成中国海洋石油国际有限公司（简称“海油国际”）的二次整合，原中国海油尼克森公司北美区域正式更名为中国海洋石油国际有限公司北美公司（简称“北美公司”），资产主要包括加拿大油砂项目、页岩气项目、天然气发电厂项目、风电项目，和美国页岩油气田、海上超深水油气田等。

北美长湖处理厂

北美资产是中国海油的核心海外资产之一，长湖油砂是其中极为重要的在产资产，且2P储量（探明储量和可能储量）占比可观。但多年来的国际油价波动，加之油砂自身品质差，导致桶油实现价值低、开发生产成本高、抗击市场风险能力弱，生产经营面临极大挑战。

如何破解油砂产业发展的难题、盘活油砂非常规资产，是北美公司面临的重大课题。

痛定思痛，公司管理层就如何扭转现状，摘掉亏损的“帽子”，开展了一系列工作。

为进一步明确公司整体发展规划，公司于2017年提出长湖油砂“止损－达产－可持续－未来增长”的整体战略规划，分阶段、分步骤部署实施重点工作和生产经营目标。

2022年，公司进一步提出以“凝心聚力，锐意进取，追求卓越”为愿景的企业文化理念，并因地制宜、量身定制了多项提质增效具体举措。

2022年5月，现任长湖油砂作业区经理梁吉锋被委以重任。刚到加拿大的他顾不上12小时的时差和满身的疲惫，拎着行李箱直奔作业区办公室，第一时间向项目组成员了解两个项目的进展。

为确保装置一次投产成功，梁吉锋带领团队在现场一待就是7个月。

在抢修乳液管线时，维修团队披星戴月，在深秋的野外跪在地上、卧在管架上完成一道道焊口；在电力系统故障时，高压电人员从下午抢修到次日清晨，不言苦、不言累，直至恢复供电；操作与工程团队在零下30摄氏度的室外坚持到凌晨3点保运，直到管线安全顺利运行；在K1A项目快速投产的挑战中，大家将原来的8对井循环生产提高到12对井同时在线生产，提速40%，提前半年完成了全部井对转产，紧紧抓住了高油价窗口，实现了应产尽产、快速见产的目标……

在团队的集体拼搏奋斗下，K1A和改质厂项目如期安全顺利投产。

但很快，新的问题又产生了——随着油砂产量逐渐攀升，曾被视为“运行平稳、经济有效”的设备开始出现运行波动。项目团队马上行动，针对实际情况展开讨论、琢磨办法，最终，通过精准实施“一井一策”和修井复产工作，项目团队盘活了低产井，稳住了波动井，夯实了高产井，长湖油砂成功跳出了产量波动瓶颈。

从2022年初的4万桶，到2023年底的8.5万桶，长湖油砂在2年内成功实现日产量翻番。在临近极地的寒风中，北美公司这只凤凰在一次次洗礼中重生，并展翅高飞。

现场工人在体感温度零下55摄氏度的环境中施工

故事启示

海油国际北美公司成功克服了项目成本高、价值低的挑战，实现了产量翻番。这则故事告诉我们，在国际市场的激烈竞争和油价波动中，海油人只有赓续铁人精神，主动担当作为，凝心聚力、锐意进取、追求卓越，才能克服困难，把不可能变为可能，把可能变为现实，在逆境中涅槃重生，实现企业的可持续发展。

油气“大侦探”

中海油研究总院有限责任公司 | 周姗姗 兰蕾

福尔摩斯第一眼见到华生，就能凭借站姿推断出他是一名军人。在中国海油也有一位油气“大侦探”，他能透过海底钻孔的“一孔之见”，定位深藏数千米的油气宝库。他就是中海油研究总院有限责任公司地球化学专家李友川。

地球化学专业解决的是油气勘探开发中的源头问题——烃源岩分析。烃源岩好比油气的根，李友川最擅长的就是利用岩石样品，抽丝剥茧，追溯油气根源。但海上岩样稀缺，每一份样品都分外珍贵。

当年，学术界对南海煤型烃源岩认识不清，中国海油一直沿用湖相盆地找油的勘探思路，在茫茫南海苦寻多年，仅发现了2个大型煤型气田。南海的勘探困境迅速引起了各方高度关注，前所未有的勘探压力落在了地球化学专业领头人李友川的肩头。

面对千钧重担，李友川一头扎进了南海，对复杂的新生代煤型烃源岩问题发起挑战。但巧妇难为无米之炊，样品短缺依然是绕不开的坎儿。终于，他争取到了一个跑野外取露头样品的好机会，打开南海油气宝库的“金钥匙”触手可及。但此时的他，心情却无比复杂，因为儿子还有几天就要高考了。虽然满心担忧，他还是抓起地质包，毅然奔赴加里曼丹岛。

时而顶着赤道烈日，时而冒着滂沱骤雨，他徒步穿越热带雨林，在每一处露头，李友川都先用地质锤一点点敲除坚硬的岩石表面，然后小心翼翼地提取新鲜面样品。就这样，106个点位采样下来，他的手掌早已磨出了血泡，长满了厚厚的老茧。历经一个半月的栉风沐雨，李友川终于取到国内首批南海中南部新生代海相烃源岩露头样品，总重达100多公斤。抱着沉甸甸的样品，他晒得黝黑的脸上终于露出了笑容。

李友川在加里曼丹岛采样时遭遇暴雨

但在回国路上，这些样品因为超重，被拦在了海关之外。同行人员都劝他：“要不扔一些吧！”

“不行！样品一块也不能扔！”李友川大声喊道。

在外人看来这不过是一堆普通的“大石头”，李友川却视如珍宝，“每一块岩石都暗藏着南海油气的蛛丝马迹，都寄托着勘探的希望啊！”

他毫不犹豫地扔掉了野外地质鞋和部分个人物品，将这些“宝贝疙瘩”一块不少地扛回了实验室。

为得到可靠的分析数据，他几乎在实验室里安了家，白天对着显微镜看薄片、守在仪器旁看谱图，夜晚就捧着文献、报告一份份研读。

他的“大石头们”果然没有让他失望，显微组分闪烁的荧光，重燃南海勘探大发现的希望之火。他按捺住激动的心情，把证据坐深、坐实。终于，一张清晰的南海烃源岩蓝图铺开在勘探人员面前。最终，他带领团队将中国边缘海煤成油气地质理论推向了国际领先水平，为累计探明油气地质储量7亿吨油当量提供了坚实的技术保障。

李友川（左二）和同事分析岩心

李友川在第十四届全国有机地球化学会议上做报告

每每回首来时路，他总淡然地说：“我们搞基础研究的，没有生产一线那份‘让地下原油见青天’的激动人心与风光无限，能做的和要做的就是数十年如一日扎根基础实验，在多如繁星的数据中上下求索。”李友川和每一位低调的大侦探一样，事了拂衣去，深藏功与名。

风吹白浪卷轻烟，海水辽阔任征帆。三十年间，李友川探索的脚步早已遍布祖国广袤的蓝色国土，庞杂的地球化学数据在他手中变成一条又一条清晰的线索，一次又一次指引着勘探的方向。岁月的沉淀在他身上散发出晚霞般瑰丽而豪壮的色彩，也同样激励着一代又一代海油青年科技工作者踔厉奋发，勇往直前。

故事启示

任何一次理论创新都绝非凭空臆测，油气“大侦探”能料事如神，成功发现油气宝藏，靠的是不放弃任何一条线索的坚持不懈。这则故事表明，不经一番寒彻骨，哪得梅花扑鼻香。中国海油的科技工作者要大力弘扬科学家精神，沉下心来进行前瞻性、原创性、基础性研究，心无旁骛、勇毅前行，不为“内卷”所迷、不为外物所惑，方能攻克重重难关，勇攀科技高峰，为海洋石油事业高质量发展提供强有力的科技支撑。

国产“超级臂”“添翼”大国重器

中海石油气电集团有限责任公司 | 轩倩茹 周烨

在大家眼中，“滨海老牛哥”是忠诚、担当、勤奋、坚毅的代表，其实在建设国内最大储备基地和全球单罐容量最大的27万立方米LNG储罐征途中，他们还有许多创新攻关的故事。

时间回到2022年5月，初夏的滨海港，海风依旧清冷。中国海油盐城“绿能港”机修经理刘方剑已经坚守现场6个月，两月一次的回家探亲，也因为9月26日首船接卸投产一次次推迟。

“什么？！工程师从德国到现场需要56天？这不是开玩笑嘛！他们不来，4条进口卸料臂就操控不了，怎么保障首船接卸！核心技术受制于人，这不相当于自己的命门掌握在别人手上嘛！”刚从现场到办公室，没顾上喝口水，一个电话就让他心急如焚。

刘方剑口中的卸料臂是连接LNG运输船与接收站的管线，是用来接卸LNG的关键设备，相当于接收站的“咽喉”，因结构复杂、控制精细等特点，世界上仅少数国家能设计制造。中国海油经过近十年的联合攻关，成功研制出具有自主知识产权的国产臂，在盐城“绿能港”与其余4条德国臂一同等待着LNG的到来。

卸料臂的核心技术不仅是36米的大臂，更是操作大臂的逻辑控制程序。国内同行业中卸料臂的首次调试都是国外厂家完成，还没有自主调试先例。但由于客观因素，国外技术人员无法按时到场，又无法将程序发给我国使用。要么等待，要么只能放弃，这也是刘方剑焦急的原因。

“没有路，咱们就自己走出一条路！”他拿过图纸，揽过仪表经理张春吉，“走！

吉哥，咱们研究研究这‘螃蟹’怎么吃！”

没有经验可借鉴，他们就埋头钻研图纸，逐个零件比对国产臂与进口臂之间的结构与逻辑控制差异，然后逐个击破，用最笨的办法解决问题。

盐城“绿能港”维修班组正在现场就逻辑控制及液压回路兼容性优化问题进行技术交流

“吉哥，刚才的浮动测试，只能看到被选择的卸料臂浮动情况，其他没选择的看不到，还有双球阀没有关闭，抱箍也没有按计划脱开，这些可是关键问题，程序得再改改，不然有安全隐患。”

“方剑哥，要不咱们还是等国外厂家来吧，这个工作我们毫无头绪。”有人打起了退堂鼓。

“再试试！经过这几次优化，调试问题少了很多，证明咱们思路是对的！”

一次次调整、优化，这已是团队修改的第三版程序了。从初夏到盛夏，刘方剑一心扑在项目上精心钻研，从工位到宿舍，到处是图纸和方案。同事打趣地说：“他梦里都在给这些‘超级臂’调试系统，给‘超级臂’装上‘中国大脑’已经成了他的心病。”

刘方剑正在进行卸料臂关键程序调试工作

就这样，在他的坚持下，经过近3个月的努力，终于完成了对进口臂电磁阀回路等进行的140余项改造，优化了国产控制系统的200多道程序段，化解了国产卸料臂、进口卸料臂控制与结构的3项重要差异，在国内首次实现了国产卸料臂电液控制系统对进口卸料臂的高效驱动和精确控制，装上了“中国大脑”的国产“超级臂”添翼大国重器。

从2022年9月26日的首船接卸，到2024年6月21日的第71船进口LNG，装配了“中国大脑”的中外臂默契配合，源源不断的进口LNG被高效安全地输送至储罐。

最近，刘方剑又在忙一件大事。

“小周，你知道不，新造的LNG运输船‘绿能瀛’的首个航次就要到咱这了。绿能船运绿色能源到‘绿能港’，你说是不是特有意义？到时候我们机修团队可不能掉链子。”

矗立在中国海油盐城“绿能港”接卸码头的卸料臂

“方剑哥，那我们刚研究出来的‘一条龙’检修法要派上用场了。”

“掌握核心技术才是硬道理！就像我们的‘绿能瀛’。”他笃定地说到。

故事启示

这则故事从侧面体现出我国油气设备核心技术创新能力越来越强，LNG建造技术处于世界领先水平。同时，也鼓励我们要勇于攻坚克难、发扬斗争精神，敢于将“不可能”变为“可能”。

创新路上开出“双碳”之花

中海石油化学股份有限公司 | 王莹 李秋菊 王忆玲

提起刘伟，人们印象最深刻的就是他身上的一股“钻”劲儿。这股劲儿，让他从一名普通的磷复肥生产操作工，逐步在技术和管理上得到全面提升。

刘伟是中海石油化学股份有限公司湖北大峪口公司磷肥生产部副总经理，扎根一线20年，用创新、实干护航“双碳”之路。

一套年产能60万吨的热能化肥装置，竟然可以9个月不烧煤。刚听到这个事情的时候，谁都会觉得不可思议：不烧煤，热能从哪来？然而，这件看起来不合乎情理的事，每天都真实地发生着。这背后，是刘伟3000多个日夜深耕一线的成果。

担任工艺班长期间，刘伟就喜欢分析生产数据。通过对比，他发现二期装置磷酸二铵产品中的水分远低于国家标准。化肥生产中的一项关键环节就是干燥，作为热能化肥装置，这项流程则是利用鼓风机将煤炉中的热风吹到系统内，通过热风带走化肥中的水分，达到干燥产品的目的。如果温度不够，化肥不能正常干燥，水分含量过高，化肥颗粒就会受潮变形，并在袋中结块，严重影响产品质量。

到了夏天，环境温度升高，生产系统内肥料的温度更是高达90摄氏度，产品中的水分含量更低，但生产却并不如预期顺畅，化肥颗粒也不如冬天均匀。于是他有了大胆的想法：生产温度并非越高越好，那如果装置不烧煤，能不能维持正常生产？

彼时，国内外相同的装置还没有过这样的生产经验，但刘伟决定用行动证实自己的想法，在班组内率先开展试验，暂时压住热风炉中正在燃烧的煤，减少进风量，尝试压火生产。起初，一个班压火4小时，各项生产指标都合格，一个月后，压火时间延长至8小时，系统仍然能够正常运转，化肥颗粒也更加圆润，这给了刘伟莫大的信心。然而一到冬天气温下降，系统堵塞、生产结块、化肥不成粒……压火生产现场的问题层出不穷，随之带来清理工作量增加、产品质量不能保证、现场环境恶劣等一系列问题，本来干劲十足的班组成员也对压火生产失去了信心。

“别的班组烧炉子生产多顺！”“为什么非要压火生产呢？”“要不还是算了吧。”……身边对压火生产的反对声音越来越多，看着大冬天都汗如雨下的兄弟们，也为了保障产品质量，刘伟不得不暂停压火试验。

刘伟在检查大库内的产品质量

即便如此，他也没有放弃这项研究。他一头扎进生产现场，反复测算热平衡、水平衡。不靠热风炉提供热风，那就利用尾气热风提供干燥热风；系统温度不够，那就回收磷酸余温；产品水分增加，那就提高生产过程中液体的浓度……通过技术改造、工艺流程优化和操作法调整等一系列措施，一点一点收集损失的热量，逐步减少参与反应的液相量。经过一个多月的反复研究和试验，他的班组在当年冬季成功实现了压火生产。

压火生产成功后，工段其余班组也纷纷效仿，实施间歇性压火生产，大大减少了生产成本。但这还远没有达到他的预期目标，担任装置运行经理后，刘伟又开始停炉试验。2014年8月，热风炉停烧，装置成功实现零煤耗运行，并创下一年9个月不烧煤的纪录。随着这项技术的深化运用，大峪口公司这套磷铵装置每年节约标煤1600吨、电量16万千瓦·时，向大气减排二氧化碳3240吨，至今已节约生产成本1700万元，开创了磷复肥生产行业节能降碳的新篇章，同时荣获中海化学技术革新奖、全国石油和化工行业优秀管理奖，为大峪口公司获评石油和化学工业联合会“磷酸二铵能效领跑者”提供了有力支撑，也为大峪口公司成为中国海油第一家成功实施碳交易的单位奠定了坚实基础。

凭着一股勤奋好学、刻苦钻研的劲头，他不断学习、反复试验，在磷复肥生产过程中，啃下了一个个“硬骨头”，也在一个个技术项目中不停探索、不断成长。他先后主持多项创新项目研发工作，被评为公司优秀党员、优秀员工、“最美化学人”，带领部门班组三次获评中国海油“安全环保业绩优秀班组”，所在团组织也被评为中国海油“五四红旗团支部”。

路漫漫其修远兮……如今的他仍然坚守在一线，用脚步丈量磷复肥生产的发展道路，大力弘扬大庆精神、铁人精神，牢记时代赋予的使命，勇担能源报国责任，为助力中国海油“双碳”目标贡献青春力量，书写精彩华章。

故事启示

这则故事告诉我们，守正还要创新，在企业高质量发展征程上，要想在绿色发展和提质增效上积极作为，就要勇于走出“舒适区”，打破思维定式，坚持目标导向、系统思维，一点点试验、一步步创新，久久为功，一定会取得长足进步。

闯深水“禁区” 通油气“动脉”

海洋石油工程股份有限公司 | 仝明磊 杜春水

海底管线被喻为海洋油气输送的“大动脉”，可是过去很长一段时间里，由于缺乏深水铺管船，200米以上水深一直是我国海底管线的“禁区”。2012年，国内首条3000米级深水起重铺管船“海洋石油201”（简称“201”）入列，举国上下都对它寄予厚望。

那一年，信心满满的“海洋石油201”团队“首战”便直接奔赴我国第一个深水气田荔湾3-1项目。可是，大家的热情很快被一盆冷水浇灭：新人新船新设备，毫无深水经验的“201”，首条海管铺设速度只有0.76公里/天。质疑声从四面八方涌来：“数十亿元的投资，数百人的精锐，铺设速度却像乌龟爬一样，‘201’能行吗？”

“再难我们都要义不容辞地顶上去，中国人必须拥有自己的‘深海战舰’！”船长邢进辉立即组织成立攻关小组，一头扎进作业线，吃在现场，睡在现场，每天驻守超过18小时。从施工方案到作业流程，从焊接工艺到装备检验，会议室的黑板上列出了密密麻麻的30多项问题。

“其他问题都好解决，现在最大的难题是管线上三通的安装。”邢进辉明白，这个长12.2米、高2.5米的大家伙，内部空间非常狭小，仅能勉强容下一人，连活动都十分困难，更不用说要进行复杂操作了。

“我去，保证完成任务！”就在邢进辉一筹莫展之际，身材瘦小的起重班长顾海峰自告奋勇。他时而爬上距离地面5米多高的三通顶部，时而钻进三通内部狭小的空间，几个小时下来，全身满是油污和汗水，大家几乎认不出来他了。

三通附近的管子底部要安装33个底托，这些底托大多都在60斤以上，最重的达150斤，几个小伙子在没有辅助设备的情况下，不等不靠，硬是靠手提肩扛给连了起来。

就这样，邢进辉带着大家一点一点啃，一点一点磨，30天后，当密密麻麻的问题被一项项划掉，他们将铺管速度提高了4.7倍。

夏季的南海烈日如火，高温高湿的作业线里，稍微一动就会冒汗，大家每天4套工服总是湿透了又焐干。经过夜以继日的奋战，他们创造了1409米的作业水深纪录，一举改变了我国深水铺管技术落后西方30年的被动局面。

施工人员正在犹如“桑拿房”的作业线里进行焊接作业

作为旗舰，增储上产的“战场”在哪里，“201”的身影就会出现在哪里。2021年，“深海一号”大气田海管铺设的重任落在了“201”身上。作为我国首个1500米超深水大气田，项目面临大量技术空白。而新冠肺炎疫情让非正常倒班成为常态，船上仅有不到三分之二的作业力量。

“要么它下去，要么我下去！”总监张晓民立下誓言，带领团队向一项项深水作业“拦路虎”发起挑战。他白天盯在现场，晚上每隔3个小时就爬起来查看施工动态，团队上下更是众志成城。有一次台风来袭，船上下达了下午2点临时弃管的指令，但直到1：55铺管作业线还没有停下来。张晓民立刻赶到作业线查看，施工人员请求说：“再等5分钟，我们肯定能干完这节管！”

而坚守到最后的他们，已经放弃一次倒班，连续作业超过20个小时。面对实地探访的央视记者，一位船员动情地说：“只要是国家需要，再苦再累我们也无怨无悔！”

万众一心下，“201”仅用时20天便完成了我国首条1500米海底管线的铺设，为“深海一号”大气田按期投产打下了坚实基础。正是那一年，“201”一半以上的船员连续跟船超过了250天。

在“201”驾驶台之下，有一块十分醒目的标识牌：每节省1分钟，可节省成本1652.78元。它鞭策着“201人”时刻保持争分夺秒、昼夜不息的“战斗”姿态。作业模式一旦开启，铺管线24小时灯火通明，20多道流水作业线无缝衔接，300多名作业者人头攒动，就像一个永不停歇的机器岛，在辽阔的深海搏浪前行。

入列以来，“201”参与了我国几乎所有深水工程，铺管总长度突破1500公里，

“201”船正在进行“深海一号”大气田海管铺设作业

位居国内首位，20余次填补国内技术空白，推动我国海管铺设能力迈入“超深水时代”。

这就是特别能吃苦、特别能奉献、特别能战斗、特别能胜利的“海洋石油201”团队。他们不断跨越深海、刷新纪录，让中国人有了敢向超深水要油气的底气。正是由于一个个像“海洋石油201”这样的团队，锻造了中国海油深水油气开发的累累硕果。在未来，他们还将代表中国海油，向着更深更远的大海前进！

故事启示

这则故事充分表明，“特别能吃苦、特别能奉献、特别能战斗、特别能胜利”的优良作风，是深水油气工程建设取得辉煌成就的关键支撑，也是建设世界一流企业的最大底气，我们要传承和发扬这种作风，以“舍我其谁”的勇气和“水滴石穿”的韧劲，挺起深海油气资源勘探开发的钢铁脊梁，创造保障国家能源安全的“海油速度”。

齐心擦亮“金名片”

海洋石油工程股份有限公司 | 侯宪鹏 刘燕姿 张雨

从中国南海到英国北海，从北极圈到桑托斯盆地，近年来，由海洋石油工程股份有限公司（简称“海油工程”）承建的多个超级工程屹立世界各地。在加拿大西北部的蒂马特小镇上，就有这样一座世界级“LNG工厂”——加拿大LNG项目。

加拿大LNG项目模块总重约17.9万吨，由近80万个结构件组成，体量之巨、单个模块重量之大、集成程度之高，全球屈指可数。该项目全球首创核心工艺模块和管廊一体化建造新模式，可大幅提高项目集成程度，使现场安装工作量减半，但这也对施工技术、大型装备资源等提出了更高要求。

加拿大LNG项目建造现场

项目施工高峰期有33个模块同时集成，如果采用常规吊装方式，就要在青岛场地每条滑道全天驻扎两台750吨履带吊，不仅投入巨大，还会造成通道堵塞，给其他项目产生重大影响。

“要是有变形金刚就好了，平时化身小汽车，等吊装的时候再变身。”一位设计人员打趣道。

变形金刚？这一观点瞬间激发了大家的思维火花。因为场地上有一种自行式模块化运输车，它可拼可拆、可升可降，就像是“变形金刚”一样。然而，这种小车一直用于甲板片运输，从未干过总装作业，技术方案和风险控制都面临未知挑战。

“咱们干国际项目，哪一样不是摸着石头过河？没干过不等于不能干！”项目经理庄宏昌一锤定音，打消了大家的顾虑。

他立即组织开展方案研究，项目团队白天泡在现场，对着图纸规划路径；晚上聚在一起查阅资料，反复论证施工方案，最终成功攻克一体化建造技术难题，首创大吨位甲板片双系统顶升和模块化运输车总装技术，创下单月总装47个超重甲板片的施工纪录。

加拿大LNG项目夜班建造现场

考验无处不在。按照合同要求，项目必须采用一种不充氩气的不锈钢焊接新工艺，这在全球都没有成功应用的先例。

“焊接不锈钢不用保护气，教科书上都没有这种工艺，焊接合格率保证不了！”看着一次次被推翻重来的技术方案和一次次失败的焊接试验，压力笼罩着每一个人，焊材厂家、电焊工，甚至外方业主，都打起了退堂鼓。

“我们不能总是找先例，中国人要敢于创先例！”焊接工程师刘书慧坚定推进自主攻关，在半年多时间里，他带领团队对人员、设备、材料、工艺参数等进行反复优化，完成了几百个试件的焊接试验，从上千个组合中摸索出一套最佳焊接参数，并在现场应用中不断优化，成功实现了该项焊接工艺的全球首次大规模工程应用。

一波未平，一波又起。完工前夕，业主方临时变更最后两船模块的装船顺序，将耗费大量精力安排好的资源全部打乱，项目陷入延期风险。此时春节在即，很多连续坚守岗位2年的员工，已买好回家车票。

“中国人以诚信立身，按期交付是我们的“金名片”，再难都要守住！”项目常务副经理刘凯带头退掉了车票，500多名施工人员纷纷放弃休假，昼夜奋战在项目施工现场。最终，项目历时两个月完成了四个模块、万余条完工检验的测试报告，实现零尾项按期交付，打赢了这场收官之战。

加拿大LNG项目团队合影

2023年3月，加拿大LNG项目35个模块全部高质量交付，“中国制造”再次闪耀全球。

3年半的时光，4376万总安全工时，描绘着团队拼搏的征程。项目团队全球首创一体化设计建造新模式，完成了10余项科技成果转化，获得了由全球建筑业协会授予的专项奖，助力我国LNG高端模块化建造能力稳居国际第一梯队。

故事启示

加拿大LNG项目团队在面对世界级超级工程时迎难而上，用智慧和汗水，高质量交出了世界级的“金名片”。人无诚信不立，业无诚信不兴。在迈向世界一流的征程中，我们要像加拿大LNG团队一样，坚持诚信为本，恪守契约精神，敢于创新、善于创新，全力以赴排除前进路上的艰难险阻，打造“中国制造”的信誉和品牌。

中东寻油路

中海油国际贸易有限责任公司 | 王君伟 孙满

中国是世界第一大石油消费国，也是第一大石油进口国，为了端牢能源饭碗，在全力增储上产的同时，贸易保供成为另一条有效渠道。中海油国际贸易有限责任公司（简称“海油国贸”）作为中国海油一体化产业链中的重要一环，肩负着“保产保供保销，助力中国海油一体化产业链良性运转”的光荣使命，也绘制了“建设世界一流贸易公司，做强做优全球油品贸易”的宏伟蓝图。

2021年，为响应国家“一带一路”倡议，经中国海油批准，海油国贸决定在迪拜设立中东代表处。王君伟作为中国海油销售贸易体制改革后海油国贸最年轻的销贸总监，在疫情肆虐的2021年主动请缨，前往中东，誓要把中东变成中国海油销售贸易事业蓬勃发展的热土。

2022年3月，王君伟只身抵达迪拜，面对完全陌生的中东文化、接近50摄氏度的高温天气，适应环境、开展工作的难度可想而知。但他坚信，攻坚没有退路！他迅速熟悉当地法规，并针对每个中东国家制定了详细的攻坚时间线，准备逐一攻克寻油路上的难题。

王君伟首先把目光投向了毗邻迪拜的阿布扎比国家石油公司。面对从未谋面的新客户，当面交流无疑是最佳的破冰方式。但疫情期间谈何容易？为了进入阿布扎比，他经历了无数次核酸检测，并补种疫苗，反复提供各种证明，终于争取到了前往阿布扎比和对方会面的机会。王君伟充分把握这次难得的见面机会，详细展示海油国贸的业务布局与合作意愿。会面结束后，对方负责人说：“疫情之下，你能来阿布扎比见我们，给我们留下了非常深刻的印象。你们的合作诉求我们会认真考虑的。”

王君伟前往伊拉克推动工作

回到迪拜后，王君伟每天定时与阿布扎比业务对接人进行电话交流，确保双方难得建立的沟通热度不降温。为此，王君伟一个人在迪拜坚守了整整3个月。最终，这份真诚和坚守，打动了阿布扎比石油公司。2022年10月，双方签署了合作历史上的首份阿布扎比原油长期供应合同，标志着中东寻油路上的第一个目标圆满达成。

阿联酋的成功并没有让王君伟停下脚步，他深知，成功不是等来的，而是拼来的，他马不停蹄奔赴另一个中东重要产油国——伊拉克。尽管伊拉克形势复杂，但作为孤勇者，他选择毅然奔赴。被问到“当时你害不害怕？”他坦言：“防弹车、防弹衣，这种场景只在电视上见过，亲身经历的时候心里打鼓，但作为中东业务开拓者，我必须迅速调整心态，沉着应对。”在巴格达的3天里，他多次与伊拉克石油公司的负责人接洽，再次以真诚的合作意愿与专业的业务能力打动了对方。伊拉克石油公司亚洲区域负责人穆罕默德对他说：“你是为数不多能够来到巴格达当面拜访我们的客户，因此，我把你当作我的中国兄弟。就凭你这股劲头，我一定会全力支持两家合作。”

这次的巴格达之行，成功帮助海油国贸伊拉克长约资源量增长了6倍。至此，中东寻油路上第二个攻坚目标也被成功攻克。

3年来，王君伟在中东的销售贸易工作中带领团队持续深耕，成功将中国海油在中东的油品贸易业务拓展至沙特、科威特、伊拉克、阿曼、阿联酋、卡塔尔6国，实现了主要中东产油国的油品贸易合作全覆盖，为中国海油在中东的销售贸易事业拼出了一片天地。

故事启示

贸易保供之路困难重重，开拓国际市场面临的考验不止气候、文化、交流等因素，还要时刻面临无法预知的危险。这则故事告诉我们，在落实“一带一路”倡议，实现建设世界一流示范企业的道路上，置身海外的一线员工需要秉持合作共赢的态度，拿出永不畏惧、勇往直前的开拓精神，才能践行好庄严使命，在海外拼出一片崭新天地。

挺进地下两千米

中联煤层气有限责任公司 | 秦培尧 王兵杰 姜方耀

2023年10月，央视播出新闻——“我国发现首个千亿方深煤层大气田”。新闻播出的那一刻，深煤层项目组全体员工激动万分、无比自豪。因为这不仅意味着他们过去多年“死磕”深部煤层气的努力没有白费，更让他们切身体会到了保障国家能源安全的伟大意义。

煤层气是一种高效清洁能源，是实现“双碳”目标的“重要桥梁”之一。我国蕴藏着非常丰富的煤层气资源，但是受限于地质理论、工艺技术，国内煤层气勘探开发主要集中在埋深千米以浅，超过1500米就被视为“勘探禁区”。

据了解，埋深在2000米以浅的煤层气资源量超30万亿立方米，超过2000米的资源量更是近40万亿立方米。对于国家来说，面对这巨大的资源量，探索深部煤层气意义重大！对于中国海油来说，要实现由海向陆，由常规向非常规，进军深煤层是必由之路！

面对这个困扰业界的“非常难题”。其实早在2016年，中联煤层气有限责任公司（简称“中联公司”）就曾初探深煤层，但是收效甚微。在海上，已经攻克了深水、超深水、高温高压等诸多难题，这一次，能够降服这条埋在地下2000米的“气龙”吗？

开始，项目组几乎试遍了所有中浅煤层气的工作方法，建立了多个模型，画了无数条气相曲线……不行！都不行！测试井产量别说超产，连普通煤层气产量都达不到。有些人开始退缩了，质疑声也此起彼伏：“资源量再丰富，拿不出来也白搭啊。”“煤层渗透性本来就很低，深煤层更低，几百万投进去才拿出几十方气。”“国内都没一个成功案例，咱们就应该踏踏实实守好咱的‘一亩三分地’，搞什么深煤层嘛！”

面对质疑，中联人不断突破旧思路，开创新方法。在勘探方面，开业界先河，首创了致密气与煤层气“互补式”“立体式”的勘探策略；在开发方面，从选井入手，成功构建了一套深煤层“甜点”区评价指标体系，首次在国内采用超大规模缝网压裂技术，打通了产能释放通道，为业界提供了高效开发深煤层的新思路。同时，实现了“勘探—开发—生产—销售”全系统联动提质增效，成功将储量变成了实实在在的产量。

在项目攻坚的关键期，急需产能释放来验证各项理论和方法，完井工程师朱碧波为了保障深煤层水平井压裂任务顺利完成，连续8天在零下20多摄氏度的陕北高原上驻守。寒风从耳边像刀子一样不断划过，嘴巴呼出的气息很快就在睫毛上结成了一缕缕冰碴，每到吃饭时，冻僵的手指甚至连碗也端不稳。他硬是靠着这股特别能吃苦的劲儿，保障了一口又一口水平井的顺利压裂。安全管理人员冷炎为了保障冬季作业不停、生产不停，匆匆安顿好即将生产的妻子，就奔往钻井施工现场，在

深煤层踏勘团队在山里对照地质图纸寻找煤层气勘探点位

“小家”与“大家”的抉择中，他毅然选择后者，坚守在岗位一线。党员先锋队队长孔令强，从深煤层攻坚开始后，一年回家的时间不足10天。遇到企地协调难题，就天天“扎”在政府门口；遇到项目实施难题，就积极协调各方资源，一项项解决。同事们都调侃他：“孔哥，你要不把家安在井场吧，啥时候拿下深煤层，啥时候把家搬回去。”每当这时候，他都会说：“有啥办法，就是放心不下啊。”

这仅仅是些许缩影，深煤层项目组全体组员盯紧每一口井，咬紧每一条曲线，以不变的初心和非凡的毅力，勇擒地下这条非常规气龙。

“特别能吃苦、特别能奉献、特别能战斗、特别能胜利”。这，就是中联公司的“精气神”，也是他们能啃下一块块深煤层硬骨头的不竭动力。中联人也有信心，更有能力将一个个不可能变为可能，将“碧海丹心，能源报国”的铮铮誓言镌刻在华夏大地上。

故事启示

在中国海油人由海向陆跨越的过程中，深煤层项目组以担当勇气和过硬本领，成功降服地下两千米深煤层气龙。这则故事告诉我们，克服困难是需要一点精神的。在“肯吃苦、讲奉献、能战斗、善胜利”的精神引领下，中国海油人坚定信念，攻坚拔寨，打破常规，开拓创新，生动践行了“碧海丹心，能源报国”的使命担当，不断为保障国家能源安全奉献力量。

创新故事

03

一条价值百万的缝隙

中海石油（中国）有限公司深圳分公司 | 但金珂 韩长威 李智勇

时间回到2022年10月20日。

在距广东省深圳市东南约210公里的陆丰13-2平台主机房内，动力主操吕义建按下停机键，累计运转40000小时的2号发电机停了下来。这一停，平台总监韩长威的神经立马紧绷，因为在接下来的两个月内，看似平静的海面上却隐藏着属于他们的惊涛骇浪。

迎接他们的是——海上平台发电机L3级自主维保。“L3”，是难度第二的级别，自主维保从未踏足的“禁区”。它相当于给一台重达数百吨的发电机做“肢解手术”，每一个细微的零部件都将接受最严格的检查与修复，而后又需精准无误地恢复至原位。

此前，该级别维保均委托外部服务商进行，在中国海油系统内无自主实施的先例，可谓史无前例的挑战。加之恰逢新冠肺炎疫情转段期，认识、经验、资源几乎一无所有，有的只有破釜沉舟的决心。

除了近万字的施工方案外，项目实施之初，韩长威在“作战室”的黑板上罗列出5项工程难点，其中最为棘手的是如何确定轴承与轴瓦间的缝隙宽度。这不仅仅是一个数字的问题，更是关乎发电机运行稳定与效率的关键所在。缝隙过宽，会导致发电机振动加剧，缩短使用寿命；缝隙过窄，则会影响润滑油的流动，增加磨损风险。

可以支撑重达150吨发电机的轴承，却有着意想不到的“娇弱”之处——普通的铅丝压铸法会轻易破坏轴承的绝缘层，哪怕细如发丝的压痕都足以让发电机“趴窝”。就连久经沙场的韩长威也无十足把握能搞定这未知的缝隙。

讨论如何测量轴承间隙的这几天里，韩长威好几次晚上梦到发电机发出刺耳的响声，冒出滚滚浓烟，整个团队在紧急集合的铃声中手忙脚乱。半夜惊醒的韩长威长久地呆坐在床边：“要破局，一定要破局！”

又是一个不眠之夜，韩长威躺在床上翻看手机里的照片，里面有女儿在父亲节发来的节日礼物，一个用橡皮泥做的圆滚滚的爸爸。

“橡皮泥？硬的不行咱们来软的啊，我们可以用橡皮泥被压扁后直径的大小间接测量出缝隙的大小呀！”兴奋的韩长威立马叫醒了正在睡梦中的吕义建。

经过反复试验与调整，他们成功利用橡皮泥的变形特性，间接测量出了轴承与轴瓦间的缝隙宽度，这一创举不仅解决了技术难题，更为后续工作奠定了坚实基础。

韩长威（右一）讲解电气元器件维保细节

“挑战”——是韩长威作为电工技能专家的关键词，也是中国海油南海东部油田在创业发展四十余年间不断增储上产的关键词。

发电机说明书未做轴承间隙说明，那就自己找；没有拆卸轴瓦的专用工具，那就自己做；铅丝太硬，那就试着用类似口香糖的软性材料，用旧轴承自己试……

兵来将挡，水来土掩。攻克的难题越多，团队就越发自信，迎难而上的点点星火在团队中呈燎原之势扩散开来。韩长威炽烈的满腔热情之下，是一颗比任何时候都更加冷静的心。启机测试前，他爬到发电机内部，从头到尾检查工具是否有遗漏，保证万无一失。

“轴瓦温度正常，振动值正常，绕组温度正常！”

12月20日，2号发电机L3级维保完成后连续运行一个月，参数一切正常，标志着陆丰13-2平台成功完成中国海油首例发电机L3级自主维保。

一个团队的成功不算成功。中国海油集团公司线上学习平台“海学网”上传了维保视频之后，韩长威办公室的电话响个不停，整个集团公司需要做L3级维保的兄弟设施都在询问维保方案的具体细节。韩长威知无不言，言无不尽。

他说：“以前，发电机高阶维保是我们的‘软肋’，每次到作业关键步骤时，能真真切切体会到那种‘卡脖子’的窒息感，现在想起来，当时的一幕幕场景还深深刺痛着我。我知道当初想学没人教的那份无奈，所以现在，只要有人想学，我都会毫无保留地教出去。”

路漫漫其修远兮，吾将上下而求索。现在韩长威带领的团队正在向发电机维保最难的L4级迈进。辛勤耕耘在蓝海之上的韩长威和同事们用行动诠释了海洋石油人扎根一线的决心，展示了海洋石油人矢志科技强企，阔步新征程的奋斗风采。

故事启示

这则故事告诉我们，在关键技术攻坚的道路上从无坦途，面对未知与挑战，敢为人先、勇于创新，是迈出的攻关第一步；依靠团队之力攻坚克难、精益求精，是破局开篇的不二选择。韩长威所带领的团队面对挑战，以自主创新为魂，以团结协作为翼，成功实现了中国海油首例发电机L3级自主维保。比价值逾百万元的缝隙更珍贵的是他们永远保持开放共享、追求卓越的进取之心。

追光的人

中海石油炼化有限责任公司 | 卢丽莎 黎剑浩

从遥控汽车到电动火车，形形色色的玩具陪伴孩子成长，给他们带去欢乐，但这些玩具的材料里却潜藏着健康隐患——传统增塑剂。

它的毒性是三聚氰胺的20倍，具有极强的生殖毒性和潜在的致癌性，却常常被用到儿童玩具、食品包装、输水管道等人们日常密切接触的商品中，它们看不见、摸不着，像藏在黑暗中的“杀手”。

想要生产出安全环保的塑料制品，需要用到氢甲酰化技术，使用此技术须支付转让费超40亿元，仅催化剂费用就超过20亿元。

遗憾的是，这是一项核心技术。40多年来，由于未能掌握这项技术，我国烯烃产业的发展长期受到限制。此前，也有科研院所付出了努力，但最终都无功而返。

“务必打造出中国人自己的氢甲酰化技术，让老百姓用上安全可靠的塑料制品。”发出这铮铮誓言的是中国海油资深专家、中海油化工与新材料科学研究院首席工程师傅送保。

他很清楚，这样的技术攻关，必定是一场“持久战”。

当听说年过半百的傅送保居然带着几个没什么经验的“80后”“90后”揭了氢甲酰化技术的“榜”，一时间讶异和质疑的声音此起彼伏。

“你们团队就这么几个人，就算再拼命，能做出什么成绩？”

“多少人试过都没突破，你们就能成功？就算成功了，能应用吗？”

千头万绪横亘在前进的道路上，傅送保陷入了沉思。

未来成功还是失败，谁也预测不了，但搞科研不就是抓住哪怕万分之一的可能吗？

傅送保在催化剂制备实验室

想到这，傅送保心中的那一束光，愈发明亮了。

科技创新，听起来高大上，工作却要从最基础做起。查资料、做实验、数据分析、优化调整、再实验……连轴转成了团队的常态。

好几次，天刚蒙蒙亮，夜班实验员去找傅送保，看到傅送保靠在椅子上睡着了，手中的文献散落一地，桌上的泡面还在冒着阵阵热气。

饱尝了陕北高原漫天的灰尘和黄沙，经历了广东惠州凄凄沥沥的梅雨，抗过了青岛三伏天的闷热与汗流浃背，顶住了内蒙古高原冷冽刺骨的寒风……傅送保带领团队尝试了上百种配方，经历了数千次测试。

辛酸、迷茫……面对这些，每一个人都咬紧牙关，暗自较劲，仿佛一放松就会坠入深渊。

然而更令人绝望的打击来了，催化剂实验结果远不及预期，挫败感像洪水猛兽般侵袭着每个人的心。有人接受不了流泪了，有人坚持不住退出了。

那段时间，雷厉风行的傅送保一反常态，变得格外“安静”。他常常在电脑前盯着实验数据，一坐就是两三天，像是要从千千万万的数字中盯出一条路来。直到有人忍不住提醒，他才搓着泛红的双眼，离开实验室。

“注定成功的科研项目能有什么技术难度？有价值的科研一定会经历失败、调整，再失败、再调整，不停失败、不停调整。”傅送保说道。

他坚信只要心中有光，梦想之花终将绽放。

言传身教的力量是无穷的，在他的感染下，更多人选择继续坚持。

看遍了清晨的微光、黄昏的霞光、黑夜的星光，历经4年奋战，这支团队在2020年终于迎来了胜利的曙光——经长周期评价，中国海油自主开发的催化剂使用性能全面优于国外产品！

傅送保在与团队成员研究实验数据

当大家为取得的成绩喜悦时，傅送保没有停下脚步，又紧锣密鼓地投入工艺包的研究中，他说：“我们不是只研发一个催化剂，而是要形成完整的工艺包，要把环保型增塑剂的生产技术彻底掌握在自己手中！”

2021年，中国海油自主知识产权的氢甲酰化技术获得中国石油和化学工业联合会技术发明奖一等奖，并被推选为“石油石化好技术”年度推荐项目。2023年，这套混合碳四氢甲酰化生产高碳醇工艺包通过了专家审核。目前，该项技术即将在中海油惠州石化有限公司实现工业应用，届时，中国海油将拥有具有自主知识产权的

傅送保在与团队成员讨论工艺路线

国内单套规模最大的混合碳四氢甲酰化制高碳醇生产装置。

“咱老百姓终于可以用上更安全更环保的塑料制品了！”傅送保激动地说道。

如今，傅送保依然每天行走如风，一刻不停。在他身后有了更多的年轻面孔，他们来自五湖四海，却怀揣同样的理想来到中国海油。爱国、担当、奋斗、创新！在他们身上，傅送保看到了年轻时的自己，他知道，属于海油人的故事才刚刚开始，他们即将踏上属于自己的追光之路。

故事启示

傅送保和他的团队历经重重磨难，成功突破技术壁垒，实现了让老百姓用上更安全更环保的塑料制品的夙愿。这则故事告诉我们，寒灯明月见证从无到有，执着坚持终成中国技术。科研的价值就在于要紧紧抓住哪怕只有万分之一的可能性！在为人民美好生活奋斗的征程中，在中国技术创新的追光路上，“海油技术”将更加闪耀光芒。

和祖国的约定

中海油能源发展股份有限公司 | 张华泽 刘航宇

2021年日本京都大学的研究所里，一位长者瞪大了眼睛，对面的青年目光坚定。“刘桑，我不认为你适合去中国。”“不对，教授，是回中国。”对话中的“刘桑”名叫刘航宇，是一名留日归国的博士后。和中海油能源发展股份有限公司天津院（简称“天津院”）里的其他科研工作者一样，朴实、认真而低调。

“我在中国科学院取得博士学位之后，导师立即推荐我去日本继续进修。当时我觉得自己像个大侠，仗剑走天涯的梦想终于实现了。不过……”刘航宇边说边做了个调皮的表情。

时间回转到2020年，中国的芯片原材料进口受到限制，而当时身边的国外同事表达了对中国技术的质疑。刘航宇听后暗下决心：必须用实际行动让他们承认中国人行。于是，他开始了夜以继日的研究。仅用短短一年，他就开发出了世界首创的水溶性碳笼材料。此时，多家国外企业向他抛来了橄榄枝，但都被他果断拒绝了。同时，他始终瞄准核心技术，和祖国许下了“走出去，学回来”的约定。

“不要忘记你的梦想，只有这里才有最顶尖的科研设备。”这是日本导师最后一次劝他的话。刘航宇曾经也以为那才是梦想，可他的“中国心”告诉他，一个人“走出去”其实不难实现，但是不应该忘了为什么而走。刘航宇一直以来的梦想不仅仅是“走出去”，更重要的是“学回来”。

回国后，为了尽快将所学转化为国家发展动能，刘航宇放弃了去高校的机会，选择了兼具创新能力和工业化经验的天津院。工作后，他全身心投入到一种功能材料的研发中。该材料是芯片制造企业必备的原材料，即将面临供应危机。

刘航宇主动请缨，第一时间提出了建立攻关小组的申请。此时，研究室里出现了很多不同的声音。

老员工说：“这不是我们的主责主业啊。”

技术委员会说：“技术难度可不小。”

“但大家没有直接否定我，而是马上请示了领导。”刘航宇的眼睛一眨，如星火一般亮。

“这是为高端芯片本土制造雪中送炭，必须要干！”公司领导立马拍了板。

大家领悟了其中的重要性，刘航宇迅速展开研究。

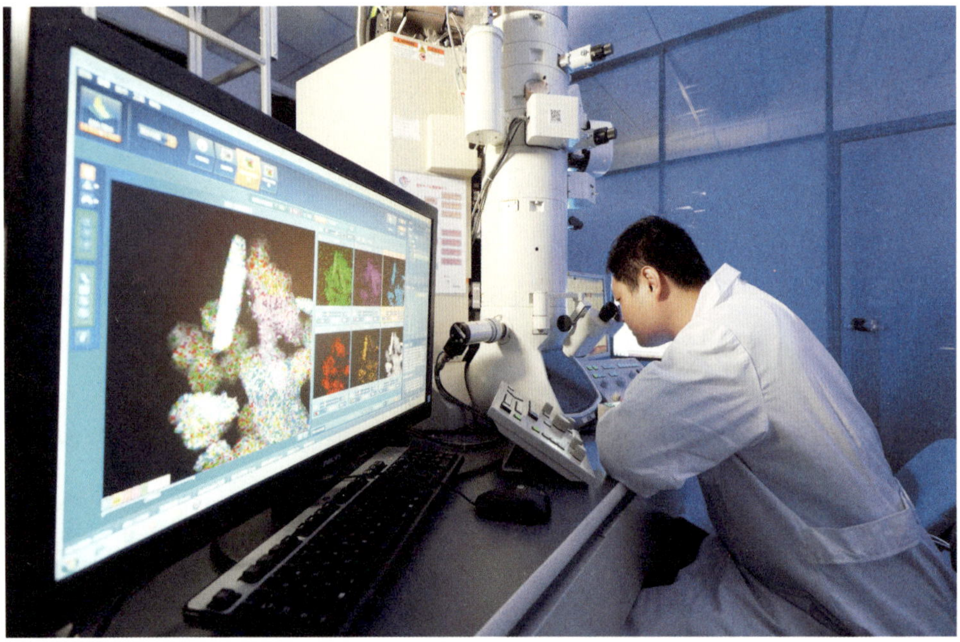

刘航宇在透射电镜实验室分析产品结构

技术转化为生产，新的问题出现了：没有高端的设备。日本导师的电话也“恰巧”打了过来：“日本有先进的设备保证高纯实验环境，我们可以支持。”

“不，教授。我们行！”刘航宇却果断拒绝。

事后他说，我们需要技术的自主性，要在科技征途上踏踏实实地干出来。

即使没有最顶尖的设备，即使技术被层层封锁，刘航宇依然带领年轻的队伍，用星夜兼程拉长了时间，不畏寒暑地克服了设备上的困难，更用多年的知识积累，打破了一层层通往成功的“茧”。终于，特种芯片原材料依赖进口的问题解决了。

“从‘中国心’到‘中国芯’，我面临过一万次失败的可能，可我还是愿意有第一万零一次的尝试。”刘航宇坚定地说。

刘航宇在办公大楼内细致观察所开发的产品

困难面前，刘航宇也曾想过放弃，回到自己的舒适区。每当这个时候，他总是会想起项目初期所有人坚定支持他的情形，因为他的身后是天津院，是海油发展，乃至整个中国海油的支持与鼓励。于是，他便有了坚持下去的动力。

历时一年，刘航宇将科学技术真正转化为了生产力。芯片用专业功能材料在国内实现中试公斤级批量生产，产品顺利进入芯片国产化产业链。从此，中国的芯片上有了中国海油的印记。

2024年，刘航宇收到了日本导师的问候：“刘桑，恭喜你，希望有机会能和你们合作。”“当然没问题，中国欢迎您。”当年，刘航宇默默许下的承诺实现了——“我要回国，用实际行动证明：我们行！”

刘航宇团队在天津院院区内

国之所需，吾之所向。心系“国家事”、肩扛“国家责”，海油人不忘科技报国初心，牢记科技强国使命，以真才实学服务人民，以创新创造贡献国家。

故事启示

这则故事告诉我们，在实现高水平科技自立自强的道路上，荆棘丛生、关隘重重，科研工作者们除了需要练就过硬的技术本领，还需要时时怀揣爱国心、报国志，它是克服一切艰难险阻的定心丸和助推器。海油科研人将爱国、担当镌刻于平凡的工作岗位上，定能绽放出不平凡的精彩。

“毛头小子”智破行业“天花板”

中海油研究总院有限责任公司 | 韩雅坤 孔星星 蔡少斌

在深邃的海洋之下，蕴藏着推动人类文明进步的能源瑰宝，而揭开这些宝藏秘密的钥匙，却潜藏在层层叠叠的理论和模型深处。在中海油研究总院有限责任公司（简称“中海油研究总院”），有这样一个人，以其犀利敏锐的洞察力和追求极致的探索精神，日复一日地深耕油气田开发基础理论研究。他，就是中海油研究总院勘探开发研究院副院长、“蓝海聚智”青年创新工作室队长——杨仁锋。

硕士毕业后，杨仁锋加入中国海油。彼时，一个海外世界级深水项目正在推进，而当时的中国海油还未在1500米超深水领域取得突破。“西方石油公司诸多技术引领着行业发展方向，没有高水平的技术成果，我们就很难拥有话语权。”年轻的杨仁锋初入职场便尝到了受制于人的滋味，他暗下决心：“一定要找到突破口！”

在攻关过程中，杨仁锋发现目前常用的水驱曲线预测方法众多，但预测结果却差异很大，这种精度对于油田开发来说风险极高。“现有水驱方法是在前人研究基础上不断发展而来的，我一个毛头小子，能打破行业天花板吗？”杨仁锋心有疑虑。

“放心大胆去干吧，科学是靠理论和事实说话，不仅仅是经验和年龄。”导师张金庆对这个喜欢钻研的小伙子充满信心。

受到导师的鼓励后，杨仁锋的办公室便成了他每天探索理论的“战场”。深夜的灯光微亮，他独自面对着满桌的文献和数据资料，时而在键盘上飞速敲击，时而在草纸上窸窸窣窣演算公式，墙上的白板记录着他的思考轨迹，密密麻麻的笔记和图表见证了无数次尝试与失败，钟表的滴答声陪伴他度过每一个孤独而又充实的夜晚。

他曾经熬过无数个通宵，也连续多年每日凌晨五点起床。“小杨，你眼睛通红，

初入职场的杨仁锋潜心基础研究

熬得太多了，别把自己逼得太狠。”导师看到他疲惫的身躯关切地说道。

杨仁锋却轻轻摇头：“不行，我必须提出一套更好的模型。这关系到我们的话语权，我们不能一直被动下去。”他深知，同行竞争本质上是技术底蕴的竞争。他也清楚，基础理论研究是一场漫长的马拉松，需要有从现象看到本质的敏锐性，更需要坚持不懈的心态、永不放弃的信念。

就这样，在经过数不清个日夜的攻关后，在不断优选优化几十个参数后，在推导了近百个公式后，在无数次的否定与自我否定后，杨仁锋的案头不断被高高摞起的手稿淹没——一个全新的模型终于诞生了。杨仁锋建立的模型阐释了诸多行业未能解释的现象，得到了外方高度认可，彻底扭转了公司在与外方技术交流中的被动局面。后来，这套理论与方法成功在中国海油全海域推广应用，推动“两提一降”关键指标达到历史最好水平，相关理论成果被评选为“中国海油油气田开发十大关键技术”。

在此基础上，杨仁锋还与团队一起打破了现有陆地稠油热采固有认识，提出了海上特色大井距高强度多区多场热采新理论，推动多项海上稠油热采示范工程落地，使我国成为全球唯一实现海上稠油规模化热采的国家。

一次，一位刚入职的实习生找到杨仁锋，疑惑地问：“杨院长，这些普普通通的

杨仁锋在推导第四代水驱理论模型

数据和模型真能带来突破吗？”

杨仁锋微笑着说：“每一个基础数据的背后都可能蕴含着我们苦苦寻找的规律，而这些规律恰恰关乎油气田开发效果，我们越重视基础数据和基础模型，就越能把准油气田高效开发的脉搏。”

在探索未知的征途中，每一份坚持与努力都是对未知的勇敢回应，每一次突破与创新都是对极限的自我超越。杨仁锋和他的团队以智慧为光，以汗水为露，培育出照亮中国乃至世界能源未来的希望之树，让“中国智慧”在浩瀚的蓝色疆域中熠熠生辉。

故事启示

杨仁锋深耕油气田开发基础理论研究，突破技术壁垒，使我国成为全球唯一实现海上稠油规模化热采的国家。这则故事告诉我们，基础理论研究工作是海洋油气资源开发取得重大突破的基石，基层理论研究工作者要甘于“坐冷板凳”，善于突破思维“天花板”，以锲而不舍的精神攻克“卡脖子”技术“拦路虎”，推动海洋油气勘探开发取得更多成果。

浪花上的巾帼指挥官

中海油研究总院有限责任公司 | 张倩楠 陶泽锐 李佳斌

一袭工装，一脸无畏，一身洒脱。她的出场，总能带给人蓬勃的生命力与信念感，炙热且浓烈。她是中海油研究总院有限责任公司海管结构首席工程师、“深海一号”大气田开发工程项目组深水管缆部经理侯静。

2021年6月25日，“深海一号”大气田成功投产，标志着我国海洋石油勘探开发能力全面进入“超深水时代”。

“鼎”立南海，怎少得了巾帼力量？

1998年入职，20余年来，从渤海到东海再到南海，侯静一路南下，一路攻坚，见证着中国海油从20米水深到1500米水深的每一次跨越。

2015年初，侯静加入“深海一号”大气田前期研究设计项目组。“深海一号”能源站的设计标准是30年不回坞，这给与之配套的钢悬链立管提出了极高的质量要求。彼时，购买是最简单的路。然而在与国外厂家进行技术性谈判时，双方产生了分歧。

“你们没有选择我们，咱们拭目以待。”侯静犹记得外方代表临走时撂下的这句话。

“受制于人的滋味太难受了，我们必须研制国产钢悬链立管。”她暗暗立志。

此后的一年时间里，侯静带领设计团队潜心研发，攻克力学性能、制管工艺等技术难题，研判国内各个钢管厂家综合能力，毅然决然地选择了中国厂家，从零起步，全面推动国内制造业发展。

每一关都倾力投入，每一步都稳扎稳打，专业自信在一次次被打破后，又一次

侯静深耕国产化钢悬链立管研究

次建立。“所幸结果不错，成了！”说这话时，侯静攥紧了手头的笔。与此同时，中国海油也把深水油气资源开发的一项核心技术牢牢握在手中，我国就此成为世界上第三个能够生产大管径无缝钢悬链立管的国家。

钢悬链立管首次在国内应用，一旦作业过程中出现问题，就必须重新铺设。怀着对深水的向往与敬畏，侯静主动请缨奔赴南海，出任“深海一号”大气田开发项目深水管缆部经理，担起了“深海一号”海上施工作业总协调的重担。

海上作业是大兵团式集体作战，所有见缝插针的巧妙安排，早就在侯静心中排列组合过许多遍。她实时统筹12艘国内外顶尖深水作业船，比计划提前16天完成海上作业，节省上亿元费用，争分夺秒刷新“中国速度”。

2020年，侯静连续出海105天。2021年春节前夕，再次接到临时出航通知，她二话没说，在母亲的反复叮嘱中，背起行囊奔赴海上，这一去又是连续156个日月交替。

海上作业风险极高，需要随时应对突发状况。2020年国庆中秋“双节”期间，侯静和团队在海上遭遇“至暗时刻”。

侯静站在作业船上眺望“深海一号”能源站

“深海一号”接入崖城天然气管道水下带压开孔作业时，海底阀门突然无法密封，而此时台风即将到来。如果台风到来之前无法恢复阀门密封功能，不仅项目面临严重的安全风险，香港民生用气也会因此受到影响。

必须尽快排除故障！彼时，现场呼啸的海风似刀，脚下海浪翻滚，溅在身上冰凉。侯静冷静指挥作业团队，仔细查阅资料，一步步梳理解决方案，经过80多个小时的连续作业，终于恢复了阀门功能。

“平时只要半个小时就能收上来的潜钟（潜水装置），那天用了一个半小时。关阀的手柄一共转了830圈。”即使被媒体争相报道过数次，侯静依然愿意再讲一次这段经历。

一张张图纸，一声声指令，侯静与团队一起实现了“大国重器”的无限可能，以其独特的女性力量，为“深海一号”大气田平添了一抹细腻与亮色。现在，侯静依然奋战在“深海一号”二期工程建设现场。“我的人生和这抹蓝已经分不开了。”这是这位巾帼指挥官最真挚的告白。

侯静沉着冷静指挥现场作业

故事启示

她是蔚蓝之上的一抹“靓丽红”，是“大国重器”建造大军中的“巾帼英雄”。她的故事告诉我们，石油人要心怀“国之大者”，切实扛起能源保供重大政治责任，增强突破核心技术的紧迫感，加快实现海洋油气装备科技自立自强，切实将能源碗饭端牢在自己手中。

“奶油蛋糕”里的打井人

中海油田服务股份有限公司 | 胡朝

什么样的地层最难打？大家肯定都会觉得，越是坚硬的地层越难打，其实不然。有一种地层如同“奶油蛋糕”一样松软，却是所有钻井人的噩梦，那就是盐膏层。

盐膏易溶解、易吸水，吸水溶解的盐膏层就像奶油一样在地下流动，控制不好就会造成井下垮塌、井眼报废等严重后果，以至于有人调侃：“钻井人最大的悲哀不是井打不动，而是好不容易打完了，起钻下套管的时候发现，哎？井眼怎么没了！”而稳定井眼的关键就是钻井液。

2012年，当陈强带领钻井液团队第一次踏上伊拉克米桑油田的时候，现场的另

伊拉克井场朝阳升起

一家行业头部油服公司正面临着下套管找不着井眼、一口井干三四个月的尴尬局面。

在迪拜机场，陈强第一次看到世界第一高楼——828米的哈利法塔，他心中暗自鼓劲：虽然米桑油田的盐膏层和这个塔一样“高不可攀”，但我们一定要“登上塔顶”！

对于盐膏层，国内海上没有先例可循，国外又长期进行技术封锁。尽管技术团队在国内开展过上千次实验论证，也研制出了100%国产的钻井液体系，可深入伊拉克后，困难却接踵而至。

第一个困难是战争局势导致原料供应不稳定。伊拉克有原料，但是获取原料的道路险象环生——长期的战乱使得营地以外的沙漠里遍布地雷和炸弹。与其“等米下锅”，不如主动出击，在当地向导的带领下，陈强多次带队穿越雷区进行实地考察与合作洽谈，用自己的真诚赢得了合作伙伴的信任。

原料有了，原料质量又成了新难题。在国内，原料质量稳定，只要配方确定了，钻井液性能也基本稳定。可在伊拉克，原料质量参差不齐，用同一个配方配出来的钻井液性能千差万别。开钻在即，陈强带领团队，全员当起化验员，进行原料质检和配方测试。

六月的伊拉克，白天地表温度达70多摄氏度，汗如雨下的化验员们却不敢将一滴汗水滴落在样品中，生怕影响测量的准确性。钻井液的配置可不是在水里加一勺盐搅拌一下那么简单，为了最大程度还原井下条件，钻井液配置完成后还要经过高温高压的养护，一整套流程下来需要三四十个小时。而好不容易配置出来的钻井液，一旦性能检测不合格，又得调整配比从头再来。

在实验中，失败是常态。这时，陈强总是乐观地鼓励大家：“别气馁，我们不是又成功划掉了一个不靠谱的配方嘛？”就这样，陈强带领团队开展了上千次实验，划掉了一个个不理想的配方，历经几万人工时，最终，一个合格的配方终于被摸索出来。

不知是巧合还是作业者有意为之，此时，在米桑的另一个井场，另一家国外油服公司也在进行盐膏层作业。同场竞技，项目组全员都暗暗较劲儿，比性能、比时效、比安全。盐膏层共800米深，打前200米时，陈强团队比对方慢3天。欲速则不达，初遇“奶油蛋糕”地层，除了时效，团队更注重井下安全。随着越打越顺，打到400米的时候，团队的时效追上了对方。被后来者居上的对方油服公司也加快了

钻完井液工程师正在取样准备测试性能

钻进速度，却接连出现了卡钻和井漏的状况，陷入进退两难的境地。终于，历时22天，陈强团队顺利完成首口盐膏层钻井，比对方快了近十天。

成功的经验鼓舞了全员的信心，后续井的钻进速度越来越快，最终，第一批12口井、累计近万米的盐膏层被陈强团队顺利拿下，创下米桑油田46天建井周期新纪录，平均作业时效更是比对手高一倍以上。超高的时效和优异的质量赢得了作业者的信赖，越战越勇的COSL（中海油田服务股份有限公司）钻井液团队也助力中国海油在米桑油田争取到了更多合作。

经过上千次科研探索，上万次实验复核，“奶油蛋糕”里的打井人，以水滴石穿的坚韧和比肩一流的魄力，不断亮剑海外，铸就辉煌。

项目团队昼夜不停开展钻井作业

故事启示

面对国际油服巨头都啃不下的“奶油蛋糕”，中国海油人攻坚克难，用高超的专业能力和坚持不懈的钻研劲头，成功实现了技术突破。这则故事告诉我们，无论是开展钻井还是其他工作，除了要有技术体系上的“硬功夫”，更要有实验检测上锱铢必较的“绣花活儿”，用过硬的技术和效率赢得作业者的青睐，从而赢得更广阔的国际市场。面对复杂的客观条件时，更要不服输，敢亮剑，胆大心细，善作善成。

用三年时间搭建一个模型

中国海油集团能源经济研究院 | 王文怡 孙海萍 栾东肖

在北京市东城区和平里居民楼的一角，坐落着一栋不起眼的办公楼。它并不高大，却孕育着一支极具使命感的研究团队——中国海油集团能源经济研究院（简称“能源经济研究院”）能源展望攻坚队。这个团队正在用自己的智慧和努力，构建中国海油自己的能源展望模型。

在新一轮工业革命和能源转型的大背景下，身处复杂多变的国内外油气市场环境，中国海油面临的外部竞争压力和不确定性空前加大，这对中国海油前瞻性的决策能力提出了更高的要求。

能源展望研究是英国石油公司、壳牌等世界一流能源公司普遍采用的洞悉能源发展大势，并进一步支撑企业战略规划和重大决策的有效方法，也是当今软科学研究的前沿领域。但若中国海油长期在相关决策分析中使用其他机构的能源展望研究结果，则将难以有效支撑企业的战略决策。

在能源经济研究院成立之初，中国海油党组书记、董事长汪东进提出“在3～5年内发布中国海油自己的能源展望报告”的目标。团队成员们满怀理想，开始了一段艰难而有意义的研究之旅。

项目启动之际，项目经理孙海萍告诉大家：“能源展望不是一个独立的研究，而是一个庞大的系统性工程。我们不仅要研究煤炭、石油、天然气、非化石能源等各类能源品种，更要有长远的战略眼光，将视野延伸至2060年。大家要有心理准备，这是一场硬仗。”

项目启动之初，研究团队面临着无数的困难。由于体系庞大、细节繁多，同时又要面向未来、预测未知，能源展望的研究过程远比一般研究项目更复杂。

第一年的研究重点，是搭建能源展望数据库并开展比较研究。团队成员们需要广泛收集并形成涵盖经济社会发展、能源行业、生态环境与碳排放、技术经济性等方面的数据库。大家每天都在庞大的数据海洋中寻找规律，而要在复杂的模型架构中找到最优解，每一步都异常艰难。大量的数据分析和模型验证过程常常使大家工作到深夜，这不仅需要缜密的数理思维、全面的知识体系，更需要那份因热爱而迸发出的拼命劲头！

2022年的冬天，新冠肺炎疫情到了吃紧关头，团队成员相继受到影响，可大家谁都不肯放下手中的工作，决定实行轮班制，以接力的方式确保项目研究进度不受影响。通过视频会议，大家在那个特殊的时期互相鼓励，共同探讨传统能源的低碳发展技术及电气化、储能等多种能源技术的最优布局。团队骨干李博抒回忆起那段日子："尽管当时团队成员身体都较为虚弱，但大家仍以饱满的热情在视频会议中'沉浸式'讨论问题，心往一处想、劲往一处使，现在我回想起来都心存感动。"

第二年，在齐心协力下，团队完成了电气化技术、氢能技术、CCUS（碳捕集、利用与封存）技术三种技术大发展背景下的能源转型路径情景研究，切实将研究技术掌握在了自己手里。尽管每一步都充满了未知和挑战，但团队成员们始终坚信，只要坚持不懈，就一定能够取得突破。

路漫漫其修远兮，吾将上下而求索。第三年，项目研究进入最后攻坚冲刺阶段。经过上百次课题讨论会的打磨，研究团队建立了具有自主创新特征的能源－经济－环境（3E）系统耦合的综合评估模型，搭建了包含"双碳"目标、体现多种降碳技术路径组合的预测情景，并通过了各项验证和评估。发布会前夕，孙海萍感慨道："还记得团队刚组建的时候，我们对能源展望涉及的许多领域都不太了解，但大家都没有退缩，我们一步步'摸着石头过河'走到今天，这段宝贵的经历会永远铭刻在我们的记忆中。"

2023年11月，中国海油《2060能源展望》成果报告在第六届进博会上以中英文双语方式向全社会公开发布，实现了中国海油在能源展望领域"零"的突破，吸引了许多媒体的宣传推广，相关成果也得到了国内外多家大型能源公司的认可。

中国海油《2060能源展望》

项目团队部分成员在中国海油《2060能源展望》发布仪式上的合影

三年的研究历程虽然艰辛，但充满希望。只要坚持努力并不断创新，就能在未知的领域中开辟出一条光明之路。

故事启示

历经三年，能源经济研究院搭建了一个复杂而精细的能源展望模型，实现了中国海油在能源展望领域“零”的突破。这则故事告诉我们，要坚持对标世界科技前沿，吸取先进经验，提升专业技能，为企业持续发展、跨越发展提供战略支撑。

金融“琢玉” 守住匠心

中海石油财务有限责任公司 | 张荣 卢珏 周佳玮

“‘表哥’还不休息啊？”临近中午，路过的同事打趣道。

“快到月结了，得抓紧一切时间。”中海石油财务有限责任公司（简称“财务公司”）结算部结算业务主管卢珏眼睛紧盯屏幕，双手飞快操作着键盘鼠标。

日常生活中的卢珏少言寡语，可谈到“报表”，他能一口气说上半天。凭借对报表和数据工作的长期深入研究，他将数智化理念贯穿于结算工作之中，啃下了这块“硬骨头”。

为配合国家金融基础数据库建设，财务公司新增人行金数、利率监测等多项报

卢珏正在认真核对监管报表数据

表报送工作。面对全新的报表体系和动辄数万的数据量，大伙儿心里都犯了难。

“财务公司数智化转型，在结算领域也必须实现！”入职不到半年的卢珏主动请缨。

几万条数据靠人工验证，就算不吃不睡也难以完成。但是，如果建立一套“数据共享、逻辑可视、表样自定、校验统一”的底稿呢？那段时间，地铁上、马路上，甚至在梦里，卢珏都在思考业务数据背后的报表逻辑。每天，他都像一颗钉子一样扎在工位上，敲击代码的声音脆响。

终于有一天，他如释重负地长舒一口气——在推翻重做数次后，模块化手工底稿如期完成，仅更新数据源便可自动生成所有报表，核验时间由原来的2个小时缩短至15分钟，为报表报送安上了“双保险”。

卢珏向同事展示结算信贷数据的分析架构

短短几年，科融报表平台上线，结算业务模块上线，新票据系统上线……卢珏凭借过硬的专业基础和丰富的报表经验，深度挖掘数据价值，为数据分析应用打牢了基础。而他，也从此收获了“表哥”的称号。

2023年，财务公司启动数据源头管理和质量提升工作，上千万条数据核查的重担又落在了卢珏肩上。

接到任务的卢珏几宿没回家，困了就洗把脸，累了就靠在椅子上眯一会儿。窗外的猎猎寒风如同战场上的号角，“打牢结算业务基础，保障海油资金安全”的使命，让他一刻也不敢松懈。

“前一天晚上10点多，珏哥催我们早点下班，说自己也马上回家，可第二天一早看到他蓬头垢面的样子，桌上放着好几瓶咖啡，就知道他又熬了通宵。”同事回忆起当时的情景，仍然深有感触。

卢珏与结算部同事讨论报表数据填报规则

入职4年，每到关键节点，卢珏都要奋战到深夜。“我最感谢也最对不住的，就是我爱人。”说到家人，卢珏的声音低了下去。他多次放弃了节假日与家人团聚的机会，短短几公里成了“最遥远的距离”。

卢珏的家乡是乌兰浩特，蒙古语意为“红色的城市”。用他自己的话说，“家在红城，心有碧海”。卢珏怀揣一片碧海丹心，如同“琢玉人”，以数智化手段筑牢风防控险的坚固堤坝、培育新质生产力，用匠心雕琢出莹润闪光的玉石。

故事启示

卢珏用数智化工具，为烦琐枯燥的财务数据带来活力。这则故事告诉我们，时代造就青年，青年不负时代。在数字化浪潮下，青年员工要敢做“弄潮儿”，不断开阔眼界，积聚技术新优势、探索潮流新路径、拓展数字新模式，在数字化发展浪潮中抢抓先机、乘势而上，向着数字未来启程远航。

青春力量浇灌数字之花

中国海洋石油集团有限公司财务共享服务中心 | 张森琳

迎着月色，透过窗户隐约可以看到几个身影围在一个工位前，紧张地盯着屏幕。

“流程测试终于通过了！”其中一名男生突然激动地站起身来，打破了夜晚的宁静，“下一步就是落地上线了，给他取一个什么名字好呢？”

围坐在桌前的都是流程自动化机器人攻坚项目的队员，中间的女生则是项目的发起人和负责人——张森琳。

“‘礼者，天地之序也；公者，无私’。”

她说：“就叫‘深礼公’吧！”

就这样，中国海洋石油集团有限公司财务共享服务中心珠三角分中心海口分部应付业务部的第一名数字员工，诞生了。

再过几天，它将迎来一周岁的生日，恍惚中，时光好像又回到了三年前，在它还没出生的时候。

“周边外卖都点遍了，都不知道该给孩子吃什么了。”

“妈，这周加班，就先不回去了，下周肯定回来。”

这样的对话，最开始只是在财务人员年结的时候出现，后来随着业务增长，加班也慢慢成了她的工作常态。

“财务嘛，加班不是很正常的吗？”看着周围同事互相宽慰，又看着家里有孩子、有老人的同事忙于业务，越来越疏于对家人的陪伴，本该是最亲密的人现在相处的时间却是最短。

“一直如此，便要永远如此吗？”她说，“我要通过机器人来解决这个问题！”

可毕竟承接的业务涉及上中下游各版块全业务链，业务背景不一样、处理方式不一致，真的能上线自动化处理吗？

她说：我想试试，万一呢？

可现实总是比理想残酷得多，她就算再努力，业务积累的鸿沟还是很难在短时间跨越——上游板块的油气开采、中下游的物流运输、化肥销售的业务差异太大，如何进行优化统一，她无从下手。

她看着空无一人的办公室和屏幕里乱成一团的数据，沮丧地趴在工位上："我好像真的不行。"

"就知道你一个人不行，但加上我们呢？"突然，一个熟悉的声音响起，"怎么白天并肩同行，晚上就孤军奋战了？"

她猛然抬起头，看着提着烧烤回来的同事，愣在了原地。

"怎么，不欢迎我们？"略带揶揄的声音由远及近，她连忙大声说："欢迎加入！"

从那天起，一个平均年龄27岁的年轻的攻坚团队便成立了。

张森琳组织攻坚团队在会议室研究整体业务流程

“如果我们要做，那首先就要统一各板块间的业务差异。”

“二级单位内现在是统一了，可二级单位间的业务差异壁垒还是存在！”

“那既然这样，我们就分板块进行上线开发。”她顿了顿，“说到开发，我们好像都不会？”

听到这，一名队员狡黠一笑，“嗖”地蹿出去，回来时身后多了一个人。

分部智能化工作室的这位同事腼腆地站在门口：“听说这里有烧烤吃？”

就这样，深夜的办公室又多了一道忙碌的身影。

关关难过关关过，事事难成事事成。

从穿着棉袄，到换上短袖；从旭日东升，到月上梢头。时间似乎过得很快，但好像也过得很慢。

她以为在正式上线那天，他们会非常兴奋，但那天真正到来时，大家却出奇的平静。

那天晚上，他们去海边看星星。躺在沙滩上望着天空，谁也没有说话。她看着头顶的天幕，和过去研究开发自动化流程的700多个日子里的没有差别，唯有那跃动的星光好像是数百万条数据汇成的星海，穿越了时间的洪流，从过去撒向了现在的他们。

志不求易者成，事不避难者进。“深礼公”的成功上线就是终点了吗？他们的答案是“不”。在此之后，他们又结合各业务特点，陆续开发了第二个、第三个……极大提升了单据的自动化处理效率。

“2023年一整年，我们珠三角分中心的数字员工就完成了超122万单的单据处理量，全年节省人工成本1573万元。”她骄傲地向她认识的所有人说，“现在，时光可以去真正需要它的地方了！”

一代人有一代人的长征路，她说：“数字化的探索和应用就是我的路，也是财务共享服务中心正在走的路。”

随着RPA团队的不断发展壮大，财务共享服务中心截至目前累计上线RPA1793个，累计处理单据超1499万单，节省人工成本超1.9亿元，这是无数青年员工以实际行动为财务共享服务中心建设贡献的力量，更是财务共享服务中心为推动公司数字化转型进程交出的一份答卷。

故事启示

海量数据从传统处理到数字化开发，张森琳带领青年团队摸着石头过河，最终推动公司实现数字化转型。这则故事告诉我们，“志不求易者成，事不避难者进”。海油青年要凝聚青春合力，勇担数字化转型时代重任，在创新中解放思想，于艰难中磨砺智慧，用坚实脚印书写企业发展与个人成长的绚丽篇章。

千米深海下的一毫米

中海石油（中国）有限公司海南分公司 | 杨宇鹏 王心莹 马传华

“你们的井口设计存在问题，我们建议将密封总成打磨1毫米，以便水下坐封。”

“我们的设备经过国外验证，绝对不可能存在问题，我们已经说过，问题在于贵方的操作不当，我们坚决反对贵方对井口的改动。”在“深海一号”二期工程的现场，密封总成无法顺利安装到位，而深水“新优快”项目团队的建议被外方厂商毫不留情地拒绝。

“深海一号”二期工程是我国首个深水高压开发项目，平均水深1000米，密封总成犹如这口千米深海下的“高压锅”锅盖上的密封圈。作为项目第一口井，密封总成无法顺利安装将严重影响后续作业，而外方毫不退让的态度更让项目面临停工的风险。

“我们在一线工作，要讲证据，外方不承认，我们就在钻台亲手做、亲眼看、亲自找到问题根源。”钻井项目经理马传华立刻启动了“蓝鲸一号”平台的辅钻台，开启密封总成的功能测试，42摄氏度的高温下，“新优快”项目团队鏖战10余个小时，用上百次精细测量证明了密封总成确实存在问题——这口“高压锅”锅盖上的密封圈太大了，或许打磨1毫米，锅盖就能准确盖上。

可是，这个截面积只有圆珠笔粗细的密封总成需要承受100兆帕的上顶力，相当于一座大楼压在了圆珠笔上，而下面封住的是高压天然气储层，打磨难度不亚于给火箭打磨固体燃料，甚至世界上从未听说有谁干过。

外方沉默了，他们也从未进行过此类作业。项目组内部也有不同意见，“风险太高了，要是密封失效这口井就废了。”“不如再换一套试试吧。”“新井口要是出现同

“深海一号”二期工程开发项目现场井队提出转盘补芯

样的问题怎么办？每口井我们都在这个步骤来回折腾吗？”

马传华突然拍桌子兴奋道：“你看我们在这里打磨一个斜面，可以让密封总成顺着斜面更好进入密封位置，如果打磨后的密封总成锁紧力能满足要求，就能干。”原来大家争论的时候，马传华一直在看图纸，随着马传华一句话，大家围到图纸边上，仔细研究起工具的结构。

“试！等着也是干着急，连试一下的担当都没有，这活干得窝囊。”钻井总监代锐率先响应，联系陆地支持团队精确计算工具锁紧力，经过周密计算，最多可以磨掉不超过1.1毫米的外径，锁紧力仍然可以满足需求。

定了就干，干就干好！深水“新优快”项目团队立刻开展了密封总成打磨工作，工具在密封总成上缓慢打磨，“沙沙”的声响刺激着每个人的心弦。经过准确测量，密封总成被磨薄了1.08毫米，钻台测试显示可以坐封。

“钻台！钻台！已送密封总成至1000米，现在关防喷器打高压验证坐封到位。”又到了激动人心的时刻，对讲机里传来了马传华的指令，如果15分钟内压力可以稳

马传华（左一）带领团队分析密封总成测试参数

项目现场作业人员正在检修水下工具

住，项目组的改造就成功了。

“监督办！监督办！打高压至4500psi[1]稳压，15分钟压力降3Psi。坐封成功！坐封成功！”对讲机里传来了激动的声音，大家紧张的神情放松了下来，外方工程师也不再高冷，甚至主动问起我们后续的井口是否也需要这样改造，他们愿意主动提供上海工厂作为改造场地，并欢迎我们驻场监造。

1毫米，这个钻完井工程现场最小的精度单位，解决了影响工程项目近百天工期的问题；1000米，1毫米，这是深水“新优快”精神的具体体现，是挺进深水高压气田开发的自信和担当，更是建设南海万亿大气区的底气与实力。“深海一号”二期工程深水“新优快”钻完井项目完工在即，我们将用1毫米的精度交出“新优快”的答卷，在有限海南奏响建设无限南海的奋斗乐章。

故事启示

这则故事告诉我们，在急难险重任务面前，不等不靠不要是“制胜法宝”；在提质降本增效当中，主动技改技革是“必由之路”。面对制约海洋石油工业发展的重点、难点和堵点，只要我们秉持自立自强的信念，追求卓越的精神，勇于突破思维“天花板”，办法总比困难多。在实际执行中，只要我们坚持真抓实干的作风、精益求精的态度，成功的曙光就会在前方，也定能打造行业“新高度”。

[1] 1psi=6.89kPa，编者注。

一“锤”定“音”

中海石油（中国）有限公司上海分公司 | 葛俊瑞

2019年3月，历经3年多锤炼的葛俊瑞首次担任完井项目经理，负责推动已经论证1年多但仍未落地的关键井，其中核心制约因素就是投资预算，专家团队经过反复论证优化，仍然有800万元缺口，项目一度停滞，甚至传出要取消的风声。

那段时间，他心急如焚、日夜鏖战，查阅了国内外数百篇文献，翻阅了各类工具工艺资料，咨询了知名企业科研院所，海量信息扑面而来，几十种方法在脑中百转千回。功夫不负有心人！思维的火花碰撞出了一体化的新理念——将常规射孔、生产和诱喷3种工艺集成到一趟管柱，能够缩短一半时间，节省的费用也能弥补缺口。但这可是海上天然气深井的原创性突破，没有先例可供借鉴。不仅工艺复杂、施工难度大，还把风险最大的射孔放在最后，一旦失败，前功尽弃！

他不敢有丝毫懈怠，上百次的实验分析、上千次的计算校核，即使字斟句酌了32万字的方案，依然如履薄冰。施工前，他默默立下军令状：只能成功，不许失败！5天的现场作业短暂而漫长，有38摄氏度高温下爬进工具筐时的挥汗如雨，有星光下拿着手电筒巡检时的彻夜难眠，也有钻台上全程盯守严格把关的心心念念……

时间终于来到6月5日的凌晨2点，到了最关键的点火时刻，按照设计程序将固井泵加压至射孔压力，泄压等待点火信号，时间一分一秒过去，如期的点火信号却没有出现……

再次尝试，信号曲线依然纹丝不动，仿佛宣告死亡的心电图！现场的气氛降到了冰点，队员们脸上那原本期待的眼神瞬间落寞了。就差最后一步了，失败意味着至少要额外增加2000万元的处理费用。

从不言弃的葛俊瑞，沉思片刻后说："兄弟们，井下温度高，距离射孔弹理论安全时间只有不到12个小时了，最后的点火操作影响因素多，很可能是哪个节点出了问题。"

随后他立即组织大家开展全面排查，有的去测试固井泵，有的逐个确认阀门，有的检查压力表……在仔细查看前两次操作曲线后，他细心地发现井口压力的上升要比固井泵压力上升速度慢，说明压力上升有滞后性，很可能这就是没有点火的原因。压力传递需要时间，从地面传递到5000米的井下更是如此，如果点火压力正好是设计的最高压力，而地面加到最高压力后就立即泄压，意味着井下始终没有达到点火压力。

井下的工具看不见、摸不着，为了验证心中的猜想，他组织队员们排查完毕后重新集合，5道身影凑在一起、蹲在不足2平方米的楼梯拐角处，他们将一条黑色信号线从井口传感器连到了监测电脑，屏幕上映射着5双焦急的眼睛。

再试一次！一切准备就绪，葛俊瑞拿起胸前的对讲机，下达点火指令："固井泵、固井泵，快速加压至6000psi，稳定30秒，泄压等待点火。"安静的夜里，固井泵的轰鸣声格外清晰，所有人都屏住呼吸、紧握双手，连续工作48小时的他，双眼布满血丝，紧盯着监测屏幕。时间一分一秒过去，3分21秒，压力、振动曲线跳动，点火信号出现！油气呼啸而出，火炬点亮夜空！活了，井活了！油气产量达预期4倍以上。那一刻，紧绷的心终于放松下来，眼泪也不自觉地流了下来。

葛俊瑞正在指挥现场作业

这次的成功开启了东海气井产能释放的技术革命，目前已形成5大技术系列、15项关键技术，在9个油气田规模化应用，安全有效率达100%，规模降本超6亿元，特别是在某千亿立方米大气田项目中成功应用，连续创造5口百万立方米高产井。系列技术创造中国海油纪录15项，形成中国海油企业标准1部，获得国家发明专利、实用新型专利8项，荣获中国海油科技进步奖一等奖、上海市科技进步奖二等奖等省部级奖励6项，经院士鉴定达到国际领先水平！

故事启示

这则故事告诉我们，创新从来就不是一帆风顺的坦途，走别人没有走过的路，做前人没有做过的事，难免荆棘丛生、困难重重。面对困难挑战，要勇于啃“硬骨头”，善于解“方程式”，独立思考、勇于思考，敢于创新、善于创新，只有在困境中不断解决问题，在解决问题中不断突破自我，才能不断提升竞争力，在发展中把握主动权。

我的巾帼队长

中海石油（中国）有限公司上海分公司 | 邓雅婷 张兰 王伟

在我们研究院，如果夸一个女生很优秀，就会说她是“下一个张兰”。有人可能想问，张兰是谁？她就是岩性气藏高效开发先锋队队长——我的巾帼队长。

两周前的一个早晨，原本安静的办公室突然沸腾起来。“生啦！是个男孩！”大家欣喜地围作一团，期盼着这对母子平安健康。这位备受关注的新手妈妈就是张兰，直到预产期临近，她还坚守在岗位上，只是平常走路带风的她，步子变得沉重了，纤细的脚踝也明显浮肿了。搞技术的我们大多不善言辞，但望向她时的担忧都挂在了眼角眉梢。可我们也知道，劝不动的，几口井打到了关键阶段，她怎么放心得下，这是她十年如一日的坚守。

2014年，张兰初来公司，正赶上多个油气田建设时期，可钻后油气储量却意外地大幅缩水，又逢国际油价寒冬，昔日的“海上明珠”转眼变成了“土疙瘩”，公司甚至受到了“存在合理性”的严肃质疑。

本以为成片的油气藏，为何变得零零碎碎？为了找回丢失的储量，张兰率领一支以女性为主力的团队，向海上岩性气藏研究领域发起了进攻。这在全世界都鲜有成功案例，研究工作也因此举步维艰。印象最深的一次，张兰在机房里熬了好几天，用新技术完成了几口老井的储层精细刻画，她敏锐地发现了一处细小的地震波形异常，原来这不是一套，而是多套不同的储层！大家兴奋地意识到这很可能就是突破口，便顺着这个思路开展了大量工作，终于创造性地提出了“纵向叠置，横向连片”的油气分布规律，在这片看似贫瘠的土地埋下了希望的种子。

为了保障钻井成功率，张兰又率队直击行业难题，力求将混杂着煤层的油气藏识别出来。每个人都将女性的细腻坚韧发挥到了极致，在繁复的资料和密集的笔记中捕捉灵感，在偌大的机房中不舍昼夜地持续着这场技术攻坚战……终于，团队突破性地提出“弱煤显砂”技术，为钻井的成功再添一道保障！

2020年，项目进入了审查阶段，可方案却遭到了多方专家的质疑，专家们普遍认为岩性气藏的风险太高，如果再失利会让局面雪上加霜。面对质疑，张兰不惧不恼，拿出早已备好的资料力陈己见，条理清晰、言之有物地论证井位的可靠性。过硬的技术、扎实的工作，配合切实可行的风险预案，终于打消了专家的疑虑，得到了认同。

攻坚队正在开展随钻轨迹优化工作

2022年，时隔6年，这片区域终于再次迎来新气田建设。随着钻头一次次深入地下，数据一段段填充着电脑屏幕，“这里储量潜力很大！”“这口井产能有300万方啊！”不到一年时间，气田就快速实现了储量产量翻倍，完成了海上岩性气藏高效开发的领域性突破！曾经埋下的种子，终于化作了油气之花，在地下4000米的山川湖海遍地盛开！

科研工作不常有惊心动魄的瞬间，往往是年复一年的攻坚。张兰队长带领团队以巾帼不让须眉之姿、以滴水穿石的温柔力量，展现了女性在科研领域的无限潜能。团队被评为“上海市巾帼文明岗”的那天，张兰说：“我们赶上了公司高速建产的好时候，有更大的舞台去施展才华。”是啊，那段至暗时刻过去了，但那条奋斗的道路我们会继续走下去！还有更多的巾帼故事正在书写，这些故事是你、是我，是我们在平凡岗位上默默坚守的每一天……

青春奋进的巾帼团队

故事启示

何为巾帼？这则故事做出了一次海洋石油领域的生动诠释。海油巾帼，胸怀能源报国使命担当，以柔肩扛重任，以慧心破困境，在基础研究中将女性的细腻坚韧发挥到极致，在繁复的资料和密集的笔记中捕捉灵感。“碧海丹心，能源报国”中需要坚韧不拔的精神，敢于创新突破的勇气，团队合作与女性科研工作者的团结力量。海洋石油事业的高质量发展也将是女性在科研领域无限潜能的一曲赞歌！

“钻”出来的工人发明家

中海石油炼化有限责任公司 | 王仕文 刘小红

我们因10万元相识。

那是一个暴雨天，我在檐下避雨，他却顶雨走进仓库，钻进废料堆翻找起来。

“王工，这里都是报废的零件。”我提醒道。

“哦，我在找一个蝶阀。”

后来我了解到，当时正值大检修，需要一个蝶阀，王仕文为省下10万元费用，想到曾报废的蝶阀稍做改造就可实现替代，他苦苦找了一个多小时，最终找到并成功应用到加热炉余热回收系统改造上。

我们由此结识，在接下来相处的时间里，我发现他不仅“抠门儿”，身上还带着一股子钻劲儿。“钻在塔器”“钻在装置区”“钻在技术研究里”……

王仕文靠着这股子钻劲，从外操一步步成长为公司首席工程师，更是名列“宁波市首批十大工人发明家”“浙江省劳动模范”名单。

2006年，台风“珍珠”横扫南海，流花油田受到重创，产生近3万吨被海水污染的老化污油。

32%的含水率、170mg/L的含盐率、6%的泥沙含量，面对如此高杂质污油，当时没有一家炼厂敢加工。若不及时处理，油田恢复生产将遥遥无期。

为了解决上游的燃眉之急，王仕文临危受命，接下这块“硬骨头”。他查询大量资料，试图从行业大型炼厂寻找经验。

“别说含水30%，就是1%，加工过程都要慎之又慎，劝你们还是不要接这个‘烫手山芋’。”兄弟单位的劝阻并没有打消他钻下去的决心，经过上百次试验，他发现在特殊破乳剂和温度下，污油的脱水除盐效率可大幅提高。他还带领团队设计了三相分离设施，实现油、水、沙彻底分离，最终成功处理了该批老化污油，流花油田得以顺利复产。

2012年，新投产的流花4-1油田断塞频繁，每月产生近10万吨的老化油，王仕文在调研中发现，老化油在油田投产、设备异常、开采末期都可能产生，这一问题不解决将长期制约上游采收率提升。

接下来的10年，王仕文和老化油"较上劲"了。他在行业内首次提出了"四脱一菌""高低温组合破乳""高频电脱盐"等一系列老化油处理工艺，不仅改变了流花油田所产石油只能掺炼加工的现状，还处理了来自流花、曹妃甸等油田产生的老化油50余万吨，节省费用超1亿元，为国内老化油处理提供了示范。他也因此获得中国海油技术革新贡献奖、科技进步奖二等奖等多项大奖，获得授权专利4项，其中一项发明还被推广应用至全厂雨污分离系统。

老化油处理关键设备：膜脱盐处理系统

在啃下老化油处理这块“硬骨头”后，王仕文又把目光投向节能环保领域。

“我去现场5次，4次都能遇见王仕文。”这是一位老领导对他的印象。

“这个装置加个引射泵可以解决蒸汽过剩问题。”“那个装置加个换热器可以提高年加工能力。”……现场跑多了，王仕文对各装置节能潜力如数家珍。“几乎每套装置都有潜力可挖，但一个点一个点地优化容易按下葫芦起来瓢，或许还有更有效的方法。”

王仕文深入现场挖掘各装置节能潜力

2018年，王仕文在炼化企业首次建立了全流程能量优化诊断机制。也就是通过流程模拟等手段，系统性地对全厂进行能效诊断，提出优化措施。

100多个日夜，近10万字的能量优化方案，他带领团队提出优化措施64项。项目实施后每年节约成本超6000万元，减少二氧化碳排放超10万吨，其中乙苯余热回收项目被评为“国家节能中心典型案例”。

王仕文还将该机制运用在大榭石化五期项目设计上，落实优化措施36项，预计每年减少碳排放30万吨，大大降低了项目投产后再改造的成本和风险。该做法不仅被评为“中国海油双碳优秀实践案例”，还被纳入《浙江省工业节能行动方案》并在全省推广。

从几万到几十万，他一抠再抠；从蝶阀改造到行业机制创新，他一钻再钻。时

王仕文在装置现场对优化项目进行研究

至今日，王仕文已获得授权专利20余项、省部级以上科技奖励5项，他是“降本增效”的忠实践行者，也是我们身边的工人发明家。

作为一名海油人，“碧海丹心，能源报国”不是口号，而是王仕文的毕生信念、一生为之奋斗的目标。

故事启示

这则故事告诉我们，“碧海丹心，能源报国”并非只是一句口号，而是一份行动誓言。在面对挑战和困难时，我们应保持一颗敢于探索、勇于创新的心，敢啃硬骨头，以不懈的“钻劲”不断寻求突破。

荣耀之路

中海石油炼化有限责任公司 | 王涛 巴晶晶 何惠

2014年6月13日凌晨4点，从来不看球赛的王涛，却打开了电视。

在地球另一边的巴西圣保罗体育场，世界杯揭幕战拉开序幕。王涛叫不出场上球员的名字，也不关心比赛的胜负，他更在乎摄像镜头俯瞰下的球场全景。很少有人知道，铺在主场馆及附属场馆顶层的防水乳化沥青和铺在北京长安街上的沥青一样，都来自同一个中国品牌——“中海油36-1”。这是中国海油“泼墨挥毫”世界舞台的骄傲见证，每一滴都能讲述一个不眠奋斗的黎明。20年来，从一线研发人员到生产技术部经理，王涛同它一起加速成长、热血澎湃。

“中海油36-1”沥青系列产品

创业之初，办公环境简陋，但公司坚决把最好的条件让给科技研发中心，聘请专业对口的青年人才充实到研发中心。初出茅庐的王涛，到研发中心的第一个任务就是对沥青产品进行“更新换代”，创新研发出沥青系列新品。

自主研发这条路走得异常艰难，王涛每天跟科研人员一起“泡”在生产线上，面对这个“黑家伙”，他心里犯起了难。为保持产品质量稳定，王涛查阅大量资料，不断摸索和积累经验，从实验室到现场装置，量化生产的每一步，都在他心里打上了一个刻度。他要求自己必须了解每一个细节，这既是对产品质量负责，也是一种严谨的科研态度，他和团队亲力亲为参与“中海油36-1”的每一次性能测试。

“搅拌速度还需要再高一点吗？”一次阻尼沥青试验中，试验员询问王涛，声音中带着一丝紧张。

“不，再观察一会儿。”王涛迅速扫了一眼搅拌速度控制器上的读数，果断地回应。两人都屏住了呼吸，全神贯注地观察沥青样本。突然，沥青样本的颜色开始发生变化，从原本的深黑色逐渐变得有些发亮。王涛的心跳加速：“太好了，添加剂彻底溶解在沥青里了！我们快成功了！”

时间在这一刻变得缓慢，每一秒都充满了紧张和期待。他们紧盯着试验台，不错过任何一丝细节。经过数次尝试和调整，沥青样本终于呈现出他们期待的状态。

“我们做到了！”这次试验的成功为整个项目的顺利进行奠定了坚实的基础。

这只是数次试验的冰山一角，王涛知道，转型升级没有这么简单，面对客户对路面耐压、防滑、减噪等方面的严格要求，王涛和团队对“中海油36-1”、70#、90#沥青和SBS改性沥青进行了全面质量升级，从原料的稳定性、工艺温度精准性到专储专运，每个流程环节都有专人跟进，获得路面设计单位、检测部门的一致肯定。

如果有一个日子让王涛印象深刻，那就是2012年的10月19日。这一天，“中海油36-1”改性乳化防水沥青缓缓流经生产线，注入罐车运往巴西，用作世界杯、奥运会场馆工程项目。而为了监控好专储专输的全流程，王涛每两小时进行一次抽检，确保这些“黑色的血液”每一滴都万无一失。一路走来，王涛和他的团队成员以科研人员的专注，书写着这场追光逐梦之旅。

而在过去的十年间，“中海油36-1”所向披靡，势如破竹，逐渐登上了国际舞台——从首都机场、三峡大坝、国庆70周年阅兵现场，到土耳其高铁、安哥拉机场、尼日利亚宗格鲁水电站……“中海油36-1”出现在每一处需要它的地方，为全

王涛在装置现场

2018年，“中海油36-1”沥青中标尼日利亚宗格鲁水电站项目

世界交通运输高效运行发挥着作用。笔走龙蛇、气贯长虹，中国海油用这最硬核的“墨”，把“中国制造”的时代史诗书写在“一带一路”上。

每次去北京出差，王涛都会去长安街走走。多年来，长安街路面性能保持良好，承受住了重载的碾压，经受了实践的检验。王涛心中涌动的是一份满满的成就感和幸福感，这是他努力工作、实现自我价值的见证。

“我有信心！下一个20年，‘中海油36-1’沥青还将继续以世界为画板，‘浓墨重彩’般书写更厚重的一笔，描绘更辉煌的一页！”王涛眼神里充满了坚定。

故事启示

“中海油36-1”沥青从初露头角，到“挥毫”世界舞台，彰显“中国制造”的品牌实力。这则故事告诉我们，无论梦想多么遥远，只要心怀信念、脚踏实地，就能点亮科技创新之微光，织就时代辉煌。

南海的星星

中海油能源发展股份有限公司 | 侯金奎 董艺璇 张昊

“我这里满天都是星星，闪闪发光，如果我们一家三口能一起躺在这里，一颗一颗数星星，那该多么好！”时值2018年，南海东部的海上平台上，海油发展信科公司海陆通信团队负责人黎志强通过卫星电话和他的妻子晓梅说道。

挂了电话后，他又回到甲板上，此刻，他多想通过手机将这美景分享给妻子。

他拿起手机滑动屏幕开锁后，屏幕上是儿子天真的笑脸，可信号一栏却依旧是空空的。

这一刻，他既开心，又很失落。

开心的是，6年过去了，他实现了当初的承诺，将海陆微波带到了南海东部所有平台，同比原来的海陆通信带宽，提升了10余倍。

失落的是，在这浩瀚的海洋深处，30多年过去了，海上平台还是没有手机信号。

黎志强叹了口气，带着对家的思念与遗憾，转身向着家的方向眺望。

星空下的平台显得格外寂静，海风拂过他的脸庞，他开始在甲板上走走停停，像是在思索什么……

正是这份思念与遗憾，让他心中燃起了一个梦想：“要把手机信号送到200千米之外的平台，让每一位坚守在海上平台的员工都能与家人视频通话。”

这在当时听起来像是天方夜谭，几乎不可能实现。

梦想一旦点燃，便如燎原之火。下平台后，他迅速钻入海上5G这个课题的研究。

5G就像高速公路上的车，没有“信息高速公路”，海上5G就没法实现。黎志强深知，要实现这一梦想，必须攻克海陆大带宽传输的瓶颈。

他一头扎进海陆“信息高速公路”建设中，带领业务团队誓要“将这天堑变通途”。

“信号传输理论计算通不过。”“国内外都没有成熟案例。”“没有厂家生产过这样的设备。”……这是摆在他面前的一个个难题，像一座座大山一样压在他的胸口。

2021年，恰逢中国海油发布“我为群众办实事”清单，明确要加快发展海上5G等业务，聚焦涉及职工群众切身利益的突出问题，服务保障社会民生需求。

这就像春风一样，给黎志强的团队带来了底气与勇气，使他们更加坚定了信心。

随后，黎志强带领业务团队前往多家高校、科研院所和大的生产厂家，听取了多位专家意见，结合多项技术，完成了海陆微波实验设备制造及现场测试。在微波陆地端基站选址期间，他们翻山越岭，实地到广东沿海20余座高山海岛勘察，总行程超5000千米。在建站期间，他们克服公路不通、没水没电等恶劣环境带来的不便，通过骡队与人工搬运的方式，携带重达数百公斤的设备与生活物资，历时半年多，最终完成了陆地端基站的选址与建设。

黎志强正在广东惠州水底山勘察选址海陆微波陆地基站

奋斗终于迎来了成果，2021年底，他和团队建成广东深圳至西江24-3平台海陆“千兆海陆骨干链路”，这是我国海上第一条“高速信息公路”，长度超150千米，双向速率达1400Mbps。此后，他们又陆续开通了3条“信息高速公路”，将海陆通信带宽提升了近70倍。

2023年2月27日，他和团队在西江24-3B平台开通了中国海油首个远海油田5G公网，结束了南海东部油田30多年没有手机信号的历史，并向中国海油交付了一份满意的民生实事答卷。

黎志强在广东深圳开通中国海油首个远海油田5G信号基站

这一天，黎志强首次在海上平台拨通了妻子晓梅的微信视频，第一次让家人看到了这星辰大海。

视频里儿子正在玩玩具，当听到爸爸的声音，他迅速飞奔过来，一连问了好多问题，“爸爸，你那里的星星怎么那么亮？”“爸爸，你能带我去玩儿吗？”

黎志强露出幸福的微笑。

当看到平台上的同事们都可以和家人视频通话时，他笑得更甜了，心中充满自豪和欣慰。他知道，他和团队付出的所有努力都是值得的。他们不仅为海上平台的员工们搭建了一条信息的高速公路，更在南海东部海域上点亮了一颗颗璀璨的星星，照亮了无数家庭。

此后，他们再接再厉，陆续为陆丰、惠州、番禺、恩平、流花等油田开通了5G公网，惠及数千名海上平台作业人员。

黎志强说：“我愿以我这份微薄却坚定的力量，为南海东部海域建设更快的信息高速公路，让科技惠及更多的民生。”

故事启示

历时6年，黎志强和团队将海陆微波带到了南海东部所有平台，架设起一座座海陆连心桥。这则故事告诉我们，贯彻“以人民为中心”的发展理念，就是要以员工所需所盼为出发点，哪怕没有先例、困难重重，也要用技术攻关一点点打开突破口，执着追梦，敢于拼搏，再难的鸿沟也能跨越，再远的距离也能到达。

敬业故事

04

一只打火机的故事

中联煤层气有限责任公司 | 黄栋　王兵杰　麻晓东

这个故事发生在10年前。当时，山西吕梁的临兴气田正在勘探中，因为其地质构造非常复杂，几乎所有人都不认为它能成为一个大型气田。面对挑战，中联煤层气有限责任公司转变了勘探思路，把目光从煤层气转到了致密气上，于是，中国海油陆上致密气“大会战”拉开了序幕。

赵霏是物探项目负责人，负责现场地震资料采集工作。由于需要频繁往返驻地和勘探工区，赵霏每天不是在工区现场，就是在前往现场的路上。黄土高原沟壑纵

队员们用推土机推出来的路，暴雨过后泥泞不堪

横、山峦起伏，路都是大伙儿用推土机一点点推出来的，崎岖陡峭，有些路段陡峭到开车上坡都得关空调。从驻地到工区，往返一趟需要五六个小时，碰上雨天泥泞难行，花费的时间还要更长。

有一天下午，赵霏和几个队员忙完地震资料采集工作，从工区返程前回驻地。夏季的大山，气候阴晴不定，前一刻还是晴空万里，下一刻便下起倾盆大雨。路面又积满了泥水。皮卡车在泥泞中艰难前行，缓慢地摇摆着。大家为了赶工作进度，午饭仅匆匆啃了几口馒头对付了事，这会儿早已饥肠辘辘。

“霏哥，你肚子也叫了。”一名队员打趣道。

“就这天气，也不知道几点能回到驻地。我饿得都有点眼花了。咦，我怎么看着车子有三四个雨刷在动呢。”后座的队员小张也嘟囔了几句。

“你小子确实是眼花了！车上没饭了，座位底下倒是有上次应急准备的一袋米和几块面饼，你们拿来吃吧。”赵霏指着后座说道。

“霏哥，咱们想整点热乎的。”队员们纷纷说道。

“没火啊，咱一个个都不抽烟。”赵霏无奈地说，他想了想，“这样吧，咱到附近村子找点吃的垫一下再赶路吧。”

于是几人驾车拐进了山路。俗话说“望山跑死马”，加上山路崎岖，即便是最近

物探队员们在深山里实地踏勘测线线路

的村子，开车也颠簸了一个多小时才抵达，几人忍着饥饿，终于找到一户老乡，买了些热馍馍，狼吞虎咽吃了一顿才返程，到驻地时已经是夜里了。

这件事，着实触动了赵霏。

对于当时的项目来说，时间是最宝贵的。地质勘探采集数据直接影响着后续勘探开发进程，压在赵霏和他的团队肩上的担子重逾千斤，整个团队都在与时间赛跑。

从那天之后，赵霏的工衣兜里多了一只防风打火机。遇到赶不上回驻地或者是体力消耗太大的情况，赵霏和团队小伙伴们会就地取材，在确认环境安全的空地上，搬几块石头，围成一个简易灶，再捡些干树枝，掏出打火机，“吧嗒”一声，小火苗就蹿起来了。然后架起小锅，到附近的溪流打些清水，放上小米或面饼，撒些调料，一锅热粥或面条不一会儿便做好了。大家围坐在热气腾腾的小灶旁，吃着热乎的粥或面，一身的疲惫便瞬间消散。饱餐完清理场地，确认安全之后，他们又继续匆匆赶路。

队员们在河滩边架起小锅，准备生火煮面

那一段时间，他们每天奔波在大山里，用“风餐露宿”来形容再贴切不过了。赵霏的工衣换了一件又一件，可兜里，却一直揣着那只打火机。

历经两个多月的辛苦付出，最终，赵霏带领团队圆满完成了地震采集工作，为临兴气田填补了地质资料的空白。2013年年底，临兴6井喷出滚滚工业气流，成功点燃了中国海油开发致密气的火焰。那一天，赵霏在井场看着六七米高的火苗，眼前似乎又浮现出他们在路上用打火机和干树枝点燃的小篝火，小小的“火苗”从每个人心里升腾而起，渐渐汇聚成奋进前行的希望……

这是临兴气田开发初期的故事，也是无数能吃苦、能奉献、能战斗、能胜利的海油人最真实的写照。十多年来，无数和他们一样的年轻人前赴后继，就像打火机的点点星火，在“两个跨越”的新征程上续写着更多中联故事、海油故事，为我国非常规油气增储上产默默地贡献着自己的力量。

故事启示

这则故事告诉我们，一簇一簇星星之火汇聚起来，就成了前行的希望与动力。从一支普通的地震采集队伍身上，能够看出攻坚克难、苦中作乐的精气神，也是海油人在实现“从海上到陆地”跨越中最真实的写照。一个个艰苦奋斗、甘于奉献的海油人如同“星星之火”，助力中国海油在增储上产的道路上行稳致远。

闪耀浦江之畔　点亮海油之光

中海信托股份有限公司 | 梅琳　蔡良辰　何诚

卢浦大桥横跨浦江两岸，高楼林立尽显都市风华。路过大桥，漫步江畔，抬头一望，映入眼帘的是一片海油蓝。2023年，中国海油标志展示牌悄然映耀在上海的夜空之中，在浦江之畔点亮中国海油“金名片”。获得领导认可、人人称赞的背后，很多人并不知道这其中的波波折折，悠长故事。

2023年8月，中海信托股份有限公司（以下简称中海信托）喜迁新楼，获得楼顶两块品牌展示空间的业主权利。这块空间，面向黄浦江、卢浦大桥、世博公园等上海核心地标，位置颇佳。这是进一步展示中国海油形象的大好机会！中海信托马上行动起来，向主管上级提请悬挂中国海油标志，并研究制定标志设计及悬挂方案。

为确保“中国海油”四字清晰可见、效果突出，中海信托多次前往世博公园、卢浦大桥等地踩点，反复研究，最终决定使用红蓝标准配色、标志与中文简称横式组合的形式进行展现。为确保效果最佳，标志发光方式采用可编程变色全彩灯珠设计，以实现多种色彩变化。主管上级收到方案后，第一时间表示支持，并与中海信托确认和完善多项细节。

然而好事多磨，就在中海信托在与大楼物业方沟通标志悬挂事宜时，对方表示不理解。他们认为，中海信托是大楼租户，在大楼顶层悬挂中海信托标志是理所应当，但悬挂中国海油标志，他们无法答应。

面对如此僵局，中海信托坚定表示，公司虽然身处金融板块，但坚持传承的是中国海油的“红色基因”和“蓝色精神”，这绝不是一块展示牌的小事，而是中国海油在上海对外展示的一扇窗！

此后10天，中海信托与大楼物业方领导多次碰面，阐述中国海油品牌的行业地位、厚重底蕴和辐射效应，讲解中海信托扎根上海、服务各方的使命担当，晓之以理动之以情，但对方始终不肯松口。直到第11天，中海信托派员再次登门，对方微笑着说道：“从你们身上，我们看到了海油人的执着，经过研究，这事儿我们同意了！”

此后，标志悬挂施工紧锣密鼓有序推进。为了赶在上海进博会开幕前完成施工，让更多中外企业看到中国海油的品牌展示，在主管上级的大力支持下，短短两天后，商标授权文件全部办理完成；一周后获得施工政府批文；最终，经过20天的不懈努力，标志施工于11月5日全部完成。当晚，“中国海油”的璀璨灯光，第一次在美丽的黄浦江畔正式点亮！

朝阳升起，红蓝交互的展示牌熠熠生辉；夜幕降临，暖暖发光的“中国海油”守护万家灯火。2024年5月，中国海油党组书记、董事长汪东进到中海信托调研，

中国海油标志展示牌在美丽的夜色中闪耀浦江之畔

对中国海油标志展示牌予以高度评价。这张闪亮的名片，进一步点亮了中国海油品牌的知名度、美誉度，为中国海油挺进全球品牌价值250强添砖加瓦、贡献力量。也正是这块“金字招牌”，使中海信托得以依托中国海油极具竞争力的品牌价值，为公司高质量发展持续赋能。

浦江潮涌，逐梦扬帆，这是一处“看得见”的品牌力量，这是一道“照得远”的海油之光！

故事启示

为了让中国海油标志展示牌闪耀浦江之畔，海油人不畏艰难，执着前行。这则故事告诉我们，“品牌卓著”是世界一流企业的重要指标，也是企业硬实力的重要支撑和软实力的集中体现。在中国海油高质量发展的道路上，企业品牌的熠熠生辉，不仅能提升企业形象，也能让员工获得力量。

舌尖的捍卫者

中海实业有限责任公司 | 侯笑倩 靖丽萍

民以食为天，食以安为先。在我们身边就有这样一位餐饮人，守着海油30年，从初入海油时的“小龙师傅”到现在的“大龙哥”，他如今仿佛一块食品安全金字招牌，只要有他在，就能让人踏实安心。

大龙哥叫周弘龙，十年前他就是我入职时的师傅，也是朝阳门餐厅厨师长。工作中的他有一个很鲜明的特点，那就是严谨到近乎苛刻。“哎小王，你这葱姜丝切的粗细不一样可不行，菜品即人品，马虎不得。”“阿钟，咱们面包不放任何添加剂，口感上你看看再改进改进？争取成为咱们‘食业味道’的代表作！”你瞧瞧这大龙哥，真是让人又好气又钦佩。一天早上6点，大龙哥像往常一样亲自验货，他敏锐地察觉到有几条带鱼已经化软了，闻起来也有不新鲜的味道，尽管供应商百般解释，但他依旧不为所动，坚决要求退货，并向上级汇报了此事。他向所有供应商严正声明：食品安全是天大的事，任何想要蒙混过关的行为都休想得逞。

后来，大龙哥因为管理严格、不讲情面，调任公司食品安全管理负责人。只要他走过的地方，任何安全上的蛛丝马迹都逃不过他的火眼金睛。于是，大龙哥又有了新名字——餐厅的“黑脸包公”“活阎王”。一天下午，他去餐厅巡检，发现蒸箱里竟然存放了一盆米饭，他找到当事人小徐：“米饭要及时取出，封膜放入冰箱，操作规范都忘了吗？抄二十遍！”小徐是一位入职十年的主管，看着“活阎王”当着这么多小兄弟的面吼他，当下也急眼了：“不就是没及时放冰箱嘛，天天拿着鸡毛当令箭，我还不伺候了！”说完就愤然离去。

不加任何添加剂的面包新鲜出炉

原来，小徐妻子已经进入医院待产了，他赶着回家，忽略了操作流程。几天后，大龙哥提着水果来到小徐家看望，拉着小徐说：“不是龙哥不给你面子，捂了一下午的米饭是会吃中毒的！记住了，食品安全无小事，任何疏忽都可能造成无法挽回的后果！”小徐闻言，不禁低下了头，满脸歉意。

2024年元旦前夕，公司即将正式接管天津餐厅，需要提前2天对3个餐厅4000多平方米、57个操作间、560台设备、上千个风险点逐一排查。28日晚上7点，周弘龙正在餐厅现场忙碌，突然接到一通来自医院的电话，妻子因尿毒症引发并发症有生命危险，正在医院抢救。这个消息无异于晴天霹雳，让他瞬间被巨大的悲痛所淹没。他的妻子患病14年，这些年来，始终默默支持着他的工作，每次透析都是一个人坚强面对。如今，她一个人独自躺在医院，危在旦夕……那一刻，他的额头渗出汗珠，想要立即飞奔赶去医院。然而，当目光落到了手里正在检测的设备上时，他迟疑了，这些设备是开餐当日的关键，如果设备出现问题，7000人的就餐将难以保障。

该怎么办？他擦了擦额头的汗珠，仪器表盘显示还有1小时才能检测完毕，他努力让自己镇定下来，一边紧急联系亲属赶往医院陪同妻子，一边与值班医生保持

周弘龙严格认真的验货

着电话联系，手里也加快速度继续测试。是的，他必须争分夺秒，与时间赛跑！幸运的是，当他交接好手里的工作，乘车赶往回京的途中，主治医生通知他，妻子已暂时脱离生命危险。听到这个消息，这个坚韧的山东汉子，忍不住蹲在地上，眼泪夺眶而出！第二天下午，妻子的病情稳定后，他又急匆匆赶回天津项目现场，全力投入到安全隐患排查和215名员工的安全培训工作中。经过两天两夜的高压奋战，日用餐人数达7000人的天津餐厅在2024年元旦顺利完成接管！

这就是大龙哥，三十年来，用实际行动践行了"食品安全责任大于一切"的诺言。这就是周弘龙，海油舌尖的捍卫者！

故事启示

深悟食品安全之重，责任担当乃生命之基。这则故事告诉我们，食品安全从业者要坚持原则、忠诚于职、不负于心，无论工作在多么基础的岗位，无论在怎样的细微之处，都应铭记责任之重，在实现个人价值的舞台，用坚定的信念和务实的行动，使自己成为值得信赖、勇于担当的人。

破局

中国海洋石油集团有限公司物装采购中心 | 刘迪 占有明 崔家训

2024年初，当大家沉浸在欢度新年的喜悦中时，红海冲突持续升级，连接亚欧大陆的海上货运“生命线”被扼住“咽喉”，致使全球海运供应链遭受重创。

别人看新闻只是看个热闹，中国海洋石油集团有限公司物装采购中心品类集采负责人李国强却感到了不安：“我们采购的物资有没有受到影响？是否影响到需求单位？是否影响到集团公司？”随后，他果断作出决定：立即组织排查，梳理所有订单！晚上10点，办公室灯火通明。24名采办人员连夜核实了2000多个订单，最终锁定3项有保供风险的物资，其中就包括番禺10-1项目柴油消防泵，这台设备的关键组件——柴油机正在途径红海的货轮上，计划到上海港卸货。

番禺10-1项目是中国海油2024年1300万吨新建产能建设项目之一，投产后预计年产62万吨油当量。而柴油消防泵是该项目的关键设备之一，它能否按期交货直接关系到番禺10-1项目建造进度，甚至影响投产时间。

一边是建造现场着急要货，一边是国际形势难以左右，此刻，李国强心中只有一个念头：必须破局，务必按期交货！

“已与供货商联系，计划绕道南非好望角。”品类经理张冬第一时间拿出应急方案。

“那航程不得增加近万公里啊，还能按期交货吗？对需求单位项目建造有没有影响？对集团公司增储上产有没有影响？”李国强再次抛出了“三问”。

可是，现实却很残酷：

想提前靠泊深圳卸货，货被其他货物压在下边无法卸下；想按计划靠泊上海，货代公司又擅自决定到天津港卸货；临到天津，又赶上渤海海域受限制，只能折回上海!

一波三折让大家几乎陷入了绝望。

“不能按期交货，要我们干啥？”李国强就不信邪，在他看来，稳链保供，绝不能打一点儿折扣!

“家训，你负责跟进清关，提前准备申报材料。张冬，你辛苦跑趟湖南，去厂家现场督办陆运，协调泵撬组装与出厂。”

“收到！”“收到！”大家马上分头落实。

“屋漏偏逢连夜雨，船迟又遇顶头风。”湖南、安徽等地遭遇大雪和冻雨，陆运“雪上加霜”。

但这并没阻挡张冬“两条腿”走路。他迅速前往厂家，一边协同跟进货运司机安排，前置排查3处冰封、2处抢修路段，优化陆运方案，一边督促厂家尽早完成其他部件组装。

一切静待货轮靠岸。由于准备充分，通常需要1周左右的货物清关，1天就完成了。陆运车辆提前到达，货物从清关到装车运输实现了“无缝衔接”。清关、陆运、整撬组装、运抵建造场地，整个过程历时6天，一气呵成。

最终，李国强的“三问”终于得到了有力回复：柴油消防泵按期交货，没有影响后续施工建造，没有影响集团公司产能建设。

“我们能做什么？能为需求单位做什么？能为集团公司做什么？”这“三问”是困境中的信念，是绝望中的力量，更是物装人“碧海丹心，能源报国”的主动担当，这不正是破局之道吗?

破局的同时，物装人还以此为契机，搭建了数字化“供需地图”驾驶舱，将供应链的“世界地图”掌握在手中，在之后的多起突发事件中打赢了一场场“稳链保供”攻坚战，以实际行动增强了供应链韧性与安全水平。

故事启示

保供所需就是物装所急，“破局”的底气是信念，彰显的是担当。这则故事告诉我们，面对复杂多变的内外部环境，要坚持以保障增储上产为最大政治任务，以完备的供需融合统筹和应急响应机制为基础，勇于担当，敢于破局，持续提升产业链供应链韧性和安全水平。

一场艰苦卓绝的谈判

中国海洋石油国际有限公司 | 刘冰 徐文威 刘宇琛

2019年末，受新冠肺炎疫情影响，尼日利亚油气产量大幅下降，经济持续低迷。为缓解国内压力，尼日利亚政府希望同外国大型油气公司拉近合作，拉动油气开发生产投资，重振石油产业。

此时，在中国海洋石油国际有限公司尼日利亚公司（简称"尼日利亚公司"）与尼日利亚国家石油公司（简称"尼国油"）之间，一场尘封已久的争议谈判，再次被推到台上。

多年前，因对合同条款解读不同，尼国油与尼日利亚公司的一场合作不欢而散，导致中国海油蒙受了巨大的经济损失。如今，面对尼方抛来的橄榄枝，尼日利亚公司决定重启谈判，争取应得利益。

彼时，受新冠肺炎疫情影响，无法组建由中国海洋石油集团有限公司、中国海洋石油国际有限公司和尼日利亚公司法务人员共同组成的谈判小组。若延迟谈判，则会错过这难得的机遇。

面对如此被动的局面，尼日利亚公司毅然打破传统框架，抽调时任尼日利亚公司法律经理的马进、两名长期外派的中方人员，和1名本地雇员组成"3+1"精干谈判小组，全力推动谈判开展。4人团队要负责约20亿美元的谈判，如此巨大的争议金额和压力，激发出了谈判团队的潜能。

团队主要代表马进是一位经验丰富的谈判高手。他性格刚毅，沉稳果断，对尼日利亚执行的英国法律体系十分熟悉，国际仲裁经验丰富，更曾帮助中国商务部解决过同主要贸易伙伴的争端。

马进（右二）与尼日利亚公司本地雇员

尽管有高手“镇场”，这场谈判依旧是一场硬仗——谈判所涉争议时间久远、诉讼案件多、情况错综复杂。双方文化的差异和诉求的不同使谈判频繁陷入僵局。双方的疲惫感和压力感与日俱增，会议室的气氛愈发紧张。

尼国油方代表态度强硬地说：“我们尊重中国海油的立场，但我们的行为完全符合尼日利亚相关政策，我们不认为这有任何问题。”

马进微笑着坚定回应：“中国有句古话，叫‘同舟共济’，我们会找到一个双方认可、公平合理的双赢方案。”

随着谈判的深入，尼日利亚公司不断创新谈判模式和手段。

尼日利亚公司以当地政府即将颁发的新版石油法案中的矿证延期相关条款为突破口，促使作业者道达尔公司支持争议双方和解。而后，尼日利亚公司根据利益相关方的诉求，在不同阶段形成不同的利益共同体。例如，与道达尔公司一同争取最优的财税条款；通过合作伙伴南大西洋石油有限公司，抛出实现中国海油利益最大化的谈判方案；适时与谈判方尼国油一起应对财税条款的挑战等。

在谈判桌上争取争议和解的同时，尼日利亚公司坚持推进法律诉讼工作，以仲裁庭上的全胜，鼓舞团队士气。

在不懈努力下，谈判气氛明显缓和。谈判小组把握时机，稳扎稳打，逐步取得阶段性成果。

终于，经过4年多的艰苦谈判和2023年的集中攻坚，尼日利亚公司与多方代表

尼日利亚公司总经理李春生（右二）、马进（左二）与尼日利亚公司本地雇员合影

于2023年5月25日正式签署多项协议。通过本次谈判，尼日利亚公司争取到可观的和解补偿金，实现区块产量分成合同延期20年，为中国海油带来了可观的可采储量，使项目大幅增值。

本次谈判的胜利，为中国海油海外非作业者资产运营积累了宝贵的经验，也进一步为中国海油继续开发尼日利亚以及非洲其他区块油气资源、全力以赴建设“海外大庆”打下了坚实基础。

马进和他的团队是中国海油人在国际商务谈判场上的一个缩影。他们用高适应性的专业能力，和艰苦奋斗、求真务实的工作作风，为中国海油加快创建世界一流示范企业增添了强劲动力。

故事启示

这则故事告诉我们，企业在国际化发展的道路上，必将面对复杂的国际商务谈判，坚持专业精神和不懈努力是捍卫权益、达成共赢的基础。本次商务谈判是一次有益的探索，在高压环境下，智慧和策略是解决问题的重要武器，专业知识、策略运用和坚持不懈则是维护企业自身合法权益的关键。

“冰”临城下

中海石油（中国）有限公司天津分公司 | 刘少康 李慎浩

每年1月至2月，随着辽东湾的气温降低，我国最北部海上油田——锦州9-3油田便会被重冰围城。

那是锦州9-3油田投产的第21个冬天，赵明在海上过了第10个春节。这个春节并不平静。气象资料显示，他们遭遇到了5年间最严重的冰情。

那年除夕夜，赵明和一群同事，正或坐或站或蹲在狭小的餐厅，用一双双粗糙的大手笨拙地包着奇形怪状的饺子。

饺子的意象，从来都是暖的。而在万家团圆的时刻，自己却漂泊在外，难免泛起心酸。但赵明像往年一样，克制住潮水般的思乡之情，还跟新员工笑言：“多吃饺子不想家。大年不端饺子碗，冻掉耳朵没人管。”

此时，正在一旁其乐融融包饺子的几个老员工，面色倏然一变。广播里传出声音：“海冰来袭，海冰来袭，海冰来袭！请各就各位，立即进入应急状态……”

一口气赶到现场。饶是赵明这样的老员工，也被眼前的一幕惊呆了。只见海冰绵延无际，似一床沾了水又结了冰的锦被，包裹着“沉睡”的辽东湾。层层叠叠的海冰，并不像表面看上去那样平静。在潮汐的推动下，一片片海冰垒成巨大的“冰山”，“咚咚”地撞上平台。平台剧烈地摇晃，管线嗡嗡作响，犹如在发生一场地震。这还没有结束，在后冰的作用力下，前冰就像长了手脚一样，快速向平台“攀爬”。堆积的海冰牢固地与导管架冻结在一起，水位一旦波动上升，海冰就会像拔萝卜一样把平台拔起来！在锦州9-3油田，流传着这样一句话——哪怕睡在平台上都是贡献；敢住在上面的，都是英雄！

油田冬季“海冰围城”

但油田员工们，面对海冰从来不逆来顺受。关键时刻，20个突击队员站了出来，他们要再一次实践“敢把一切困难击得粉碎”的抗冰精神！

面对汹汹来犯之冰，大家有用榔头砸的，有用铁锹铲的，有的徒手搬冰，有人甚至只能在格栅上匍匐前进。但碎了一块，又上来一块，推走一块，又来了一块……绵延千里的白色冰魔源源不断涌来，撕扯着孤城一样的海上平台。

那天夜里，突击队员们轮番上阵，每两分钟就换下一个人。因为超过两分钟，湿漉漉的手套下面，他们的手便会失去知觉。他们厚厚的棉工鞋里，脚上穿了三、四双袜子，依然冻得脚趾僵硬。但他们没有人、也没有时间去理会这些……

突然间，赵明发现，他每次上阵的间隔时间越来越长。原来，所有员工都自发奔到最艰苦的地方，成了“咆哮哥”“无名英雄”和“拼命三郎”。事后每每回忆起当晚场景，他都如鲠在喉，那是不敢轻易触碰的情感软肋，碰一下就锥心刺骨地痛。

深夜里，他的眼睛亮晶晶的，他的耳朵恍惚进入静音模式，他抡起铜锤的手却一刻不闲，冰块在他四围碎裂飞溅……

然而，最令人恐惧的事情还是发生了——中控操作系统弹出伴热系统故障提示，随即响起故障报警，一级气浮选器液位计出现冻堵，若不迅速恢复解冻，设备调控系统将失去控制，后果不堪设想。

时间就是产量，时间就是安全，时间就是生命！赵明带领突击队员火速投入战斗，拿起蒸汽管线，大力地挥舞着。上一秒还高温烫手的蒸汽，下一秒就结出了一层冰霜。一根十几斤重的蒸汽管线全部上冻后就变成了一百多斤。激战最酣时，所有人都处于脱力状态，扛在肩上的管子一点点滑落到胳膊弯里，但他们没有一个人掉队，每个人都躬身弯腰，用整个身体拖着管线前行……

那个除夕夜，餐厅里饭香四溢，却冷冷清清——没人顾得上吃。后来，餐厅也不见了厨师的身影，不知什么时候，他也冲到了抗冰第一线。

凌晨2点，赵明和他的同事们，终于重新坐回餐厅的椅子上，隔着那热了又热的一盘盘饺子，看着彼此冻得通红的脸，相视而笑。

故事启示

这则故事揭示了面对自然灾害，众志成城、人定胜天的道理。锦州9-3油田的员工们在“冰”临城下的危机中，“敢把一切困难击得粉碎”。他们不畏困难，主动出击，用最简单直接的方式抗击冰魔，保护了油田的安全和生产的稳定。这种精神不仅仅适用于油田生产，对于生活中的我们同样是激励和鼓舞。

险情“侦察兵”

中海石油炼化有限责任公司 | 庄瑜 高宛童 湛小翠

翻滚的白色烟雾浓度越来越大，曾文背着空气呼吸器，手执灭火器，向雾源方向爬去。这股坚定劲，一如30年前的那一次选择。

1994年，年仅19岁，这个广东沿海城市出生的小伙子应征入伍。经过六个月的训练，曾文从1500名新兵中脱颖而出，被常规部队中的“特种部队”——侦察连“掐尖儿”。

“曾文！想不想当侦察兵？”排长问道。

“我想当！要当就当最牛的兵！”曾文的回答掷地有声。

侦察兵训练的艰苦远超想象，曾文在毒蛇出没的荒山野岭中跋涉，在蚊虫遍布的水下悬浮侦查，在深夜的乱坟岗里搜索作训信息，饥饿、疲惫、恐惧不断考验他的意志。3年超常规的军事管理和作风熏陶，让这个来广东的孩子成为集优秀军事、身体、心理素质于一身的优秀侦察兵。

转业后，曾文义无反顾地加入了石油工人行列。面对新的领域，他把“侦察尖兵”的精神和作风带到石油战线。他学原理、梳流程、练技能、讲安全……从一名操作员，一步一个脚印成长为一名班长。这位昔日的部队侦察兵，今天又历练成为战斗在石油生产一线的“侦察兵”！严格军事化管理成为他们班组的特色，这个非科班出身的班长，带领班组3次获得“优秀班组”荣誉称号。扎根石油行业26年，曾文依旧保有机警的反应、敏锐的判断和敏捷的身手。

曾文为青年员工讲解操作要点

2022年5月的一个夜晚，对讲机中传来急促的呼叫："班长！硫化氢汽提塔的塔壁有白烟冒出！"

对讲机声音刚落，所有人立刻行动，曾文一边迅速拿好防护装备，一边组织在场的班组成员将情况即时上报。"我在班组柜里拿手电筒，看到班长已经拎着两个正压式空气呼吸器出了门。"班组成员曾永伟回忆道。

到达现场，看着塔顶源源不断冒出白烟，即使是经验丰富的曾文也出了一身冷汗。此时塔内硫化氢浓度高达20万ppm，而当浓度达到1000ppm时，人一旦吸入就足以瞬间致死。剧毒、闪爆、着火……曾文脑中快速地评估风险、分析情况，却丝毫没放慢戴防护设备的速度。

曾文沉着地攀上炼塔侦查"敌情"，凭借一名侦察兵的经验与素质冲锋在前。突然间，他停住了脚步，看着浓浓的白烟愈加猛烈，情况也愈发危险。

"小峰，你赶紧下去！"曾文转身对班员说。

"班长，我跟你一起去！"

"危险！这是命令！"曾文斩钉截铁地说道。他迅速从小峰手中抢过灭火器，坚定地朝漏点爬去。

10层平台，30米的高空，曾文用光了3瓶氧气，来回攀爬了3趟仅发现1条可通行的楼梯。

区域隔离！降低塔压！蒸汽掩护！经过一系列紧张有序的技术处理，烟终于小了！

此时的曾文并不敢怠慢。他知道，不找出漏点，危险依然存在。凭借细致入微的侦察能力，曾文从烟雾方位判断出可能是因塔壁长期腐蚀变薄而造成的油气泄漏。一层、两层，他用撬棍小心翼翼地扒开塔壁保温材料。超10厘米厚的保温棉把直径3米的硫化氢汽提塔包裹得严严实实，而被油气浸湿的保温棉，比以往更难扒开。寻找漏点，绝非易事。

5厘米、10厘米，裸露出真面目的塔壁嚣张地向外散发着近100摄氏度的热量，让原本就带着密不透气的全面罩的曾文更加难以忍受，但漏点仍未出现。曾文绝不放弃，他双眼紧紧盯住塔壁外沿，就像侦察兵紧盯侦察目标，专注而执着。

时间过了差不多半个小时，漏点终于找到了！曾文立刻拿起对讲机，大声喊出：“报告总指挥，在第10层塔盘东北侧塔壁发现约2厘米长裂缝。我现在用消防蒸汽对漏点吹扫掩护。”说完，他又迅速投入到新一轮泄漏抢险工序中，为其他人员前往支援提供有利条件。最终，堵漏成功，避免了塔壁泄漏着火、硫化氢中毒事故的发生。

炼油行业是一个高危生产行业。“人民至上，生命至上”这八个字悬挂在中海油惠州石化有限公司（简称“惠州石化”）装置区最显眼的地方，也深深地镶嵌在曾文和其他员工们的心坎中。现场如战场，曾文说，“安全无小事！”“把好安全关，就是把好企业的生命关！”

“人民至上，生命至上”悬挂在惠州石化装置区

曾文带领全班组，用侦察兵的敏锐眼光，严密巡视设备装置，把隐患排除在萌芽阶段，保障了炼油生产的正常运行。他们用侦察兵的果敢与勇气，在险情面前，临危不惧，及时排除，保障了人民生命和国家财产的安全。他们，是安全生产的建设者、守护者，是护佑新时代炼油企业的“侦察兵”！

故事启示

这则故事告诉我们，无论身处何境，精湛的专业技能与面对困境的勇气，都是化解危机、守护安全的关键。这不仅是个人能力的展现，更是对“人民至上，生命至上”理念的深刻践行。在各自的岗位上，我们都应不断精进技能，勇于担当，以专业和勇气为笔，书写守护安全、保障生命的壮丽篇章。

守护“夕阳红”，最美“天使白”

中海实业有限责任公司 | 张洪昌 付校语 刘敏

在河北高碑店，生活着一群特殊的人，他们和共同的“女儿”有着一段感人的故事。

高碑店基地，和海洋石油事业几乎同时起步。40年间，数以千计的海油人从这里出发，参与和见证了中国海洋石油事业的从无到有、从小到大、由弱变强。年轻时的野外工作让大部分人落下了腰腿疼、心肺病、风湿病的病根，退休后忍受着病痛的折磨，高碑店基地大院就成了老人们的依靠和精神寄托。

2007年，吴娜娜主动承担起了这些海油功臣的医疗保健工作。生活在基地的188位老人大都独居，30余人患重大疾病，140余人患慢性疾病。16年间，吴娜娜坚持和同事们24小时轮班，创建了“白加黑”医疗服务模式，用无私奉献扛起了生命守护的重任。

2018年11月的一个夜晚，一位独居老人突发急症，需紧急住院手术，吴娜娜一路陪伴赶到医院办理手续。这时，她突然接到家人电话，婆婆也因急症住进医院ICU，目前生命垂危。吴娜娜顿时大脑一片空白，一边是正在抢救的老同志，一边是病重的婆婆。该怎么选？自古忠孝难两全，她感到了平衡工作与生活的艰难。短暂思考后，她决定留下，一边守候着正在抢救的老人，一边电话了解婆婆的情况。三个多小时紧张又漫长。这边老人的病情终于稳定下来，电话那头也传来消息：“救过来了，我在这，你放心吧。”爱人的一句话，让她揪着的心更疼了，泪水夺眶而出。

鞠躬尽瘁为哪般，至亲至爱鱼水情。吴娜娜用担当与奉献诠释了人间大爱。16

年来，她收到上百封表扬信，她所负责的卫生所医疗责任事故为零，投诉事件为零。凭借着优异表现，她先后获评中国海洋石油工业劳动模范、中国海油优秀共产党员、中国海油第四届“最美海油人”等荣誉，并连续多年被评为中海实业先进工作者、“服务之星”。16年如一日的奉献，让大院里的老同志们亲切地称呼她为“咱家闺女”。

吴娜娜为老同志测量血压

2022年10月，在疫情防控特殊时期，高碑店大院里老同志的就医、吃饭迅速成为焦点问题。吴娜娜一方面积极安抚老同志情绪，坚定他们战胜疫情的信心；另一方面想方设法协调药品食品，先后为老同志上门配送生活必需品100余单、送医送药200余人次、急救转诊3例。吴娜娜带领她的团队以实际行动践行着中国海油的“人本理念”，把公司党组的关怀和温暖传递到老同志们的心坎里，交出了一份“民有所呼，我有所应”的合格答卷。

吴娜娜对“一个社会幸福不幸福，很重要的是看老年人幸福不幸福”有着深刻的理解和感触。一辈子很长，一辈子又很短。身患绝症的老人们，多数会选择回到熟悉的环境里走完生命的最后一程。为了让老人们在生命最后的时光里能活得有尊严、有质量，吴娜娜又毅然选择了最挑战心理和生理极限的临终关怀。她每天上门为老人输液、打针、送药，有时夜里都要上门两三次，遇到便秘和有褥疮的老人，她不顾脏臭，帮助老人处理伤口、缓解不适，每次都是汗流浃背。在她的帮助下，老人们病痛减缓，心理和精神得到放松，生命的最后一程走得安详无憾。

把简单的事做好就是不简单，把平凡的事做好就是不平凡。她用实际行动践行着诚实、守信、担当、奉献，用自己的方式锚定了人生奋斗的方向。吴娜娜和像她一样的海油人，用实际行动肩负起了新时代共产党员的使命与担当！

故事启示

这则故事启示我们，把简单的事做好就是不简单，把平凡的事做好就是不平凡。既然身穿白衣，就要对生命负责。在这个神圣的岗位上，她用“医者仁心”践行着白衣天使的使命担当，用无怨无悔书写着“咱家闺女”的初心坚守。在推进中国式现代化建设的新征程中，我们要锚定人生奋斗的方向，用平凡书写伟大，用行动诠释大爱无疆，担负起时代的使命与担当！

“黑脸包公”守护“油墩墩”

中海油国际贸易有限责任公司 | 万海波 徐秋萍

靳勇是中国海油一名基层工作者，秉持一丝不苟、尽职尽责的职业品德，他在关键时刻站得出、顶得住、干得好，是用责任守护“油墩墩”的“黑脸包公”。说靳勇像包公，不仅仅是因为他有一张因为巡查而晒得黝黑的脸，更是因为他在捍卫国家财产、同违法犯罪分子斗争时的铁面无私。

2022年3月8日上午9点30分左右，靳勇正在对项目现场进行例行巡检，当巡检至项目预制场地时，负责废旧钢板承运的车辆引起了他的注意。经过认真检查，他发现其中一辆承运车辆存在非法改装——这辆车在底板处增加了储水罐，司机可以通过控制储水罐存放水量改变车辆空车过磅重量。

这一发现，让这辆车的司机紧张起来！见事已败露，司机立即拿出现金，试图让靳勇“高抬贵手”。靳勇丝毫不为其所动，立即将这一发现向项目组领导汇报，并拨打“110”报警电话，警察赶到后查扣了现场的4辆车，并将司机及押运人员带走。

第二天，靳勇与EPC总包、监理相关人员一起对承运废旧钢板的11辆货车进行了现场核查，发现所有车辆均经过改装，在底板处藏有储水罐。为了准确核定载重，检查人员对所有车辆进行现场过磅，结果每辆车因储水罐造成的空车车重差额在5.2吨左右。经过排查，之前废旧钢板出厂的68车次均存在该现象，因靳勇坚持原则、认真负责，为公司挽回财产损失120余万元。

这不是靳勇第一次挺身而出，在项目建设期间，他以高度的责任感和使命感不断加强对外来人员的进出管控，带领保安队伍每天对近2万名参与项目建设的承包商人员进行出入查证，多次查获翻越围墙、私设后门等行为，查处多起电缆、板材盗窃未遂事件。

2021年5月，东营港经济开发区危化品停车场突发油罐车着火爆炸事件。正在下班路上的靳勇第一时间赶往事发地点帮忙协调疏散，并在现场救助了一名中暑的交警。在现场应急处置任务基本完成后，靳勇默默离开了现场。

直到8月的一天，公司收到东营港交警支队送来的“助人为乐，品德高尚”锦旗，靳勇勇于救人的事迹才被大家知道。

靳勇收到东营港交警送来的锦旗

交警支队张队长连连夸赞：“靳勇同志向我们展示了共产党员的果敢、担当，让我们见识了海油员工的良好风貌，值得我们支队每个人学习。”

近年来，靳勇已有多次“好人好事”记录，期间还协助当地公安机关破获多起案件，多次获得当地政府相关部门的表彰。

2020年，国资委提出补办公司公寓及办公楼房产证的要求，靳勇主动承担了这项任务。

这项工作困难重重。负责项目前期工作的同志联系不上，他通过多方打听，最后甚至找到了已经离职多年的施工单位工程师；报规图纸资料不全，他主动向规划局申请借阅权限，在摞成山的文件堆里翻了整整一周，终于找齐了所有图纸资料；他不辞辛苦，历时4个月，跑遍4省10市，对接了30多个部门，补齐了所有缺失的手续和资料，比整改期限提前10余天拿到了倒班公寓及办公楼的房产证，为公司圆满解决了这一难题。

他经常说："能为大家做点事情，解决难题，我特别开心。"

2023年，靳勇获评中国海油第三届"最美海油人"荣誉称号；2024年，获评公安部"2021—2023年油气安保工作成绩突出个人"荣誉。为扩大先进典型人物的影响力，公司打造了"靳勇工作室"，以宣讲、党建共建等方式继续发挥示范引领作用，激励广大职工将榜样力量转化为助推公司高质量发展的实践力量。

看着渤海湾畔这拔地而起的一排排"油墩墩"，作为一名有着16年党龄的"老党员"，靳勇经常告诉那些年轻的同志："在平凡的岗位上，不计较个人得失，爱岗敬业，勇挑重担，大胆负责，不忘初心，方得始终！"

故事启示

他在关键时刻站得出、顶得住、干得好，他是用责任守护"油墩墩"的"黑脸包公"。这则故事告诉我们，"责任"二字写起来容易扛起来难，它需要我们无惧挑战、勇于担当。当我们把勇于担当转化成一种习惯，融入工作和生活，用"一往无前"的信念，交出一张张"硬核"成绩单，不仅能收获他人的尊重与信任，更能在挑战中不断成长，在平凡的岗位上交出优异的答卷。

助“诺思”向大海

中海油国际融资租赁有限公司 | 刘博

2023年3月30日，中央电视台《新闻联播》发布消息：我国自主建造设计的全球最大级别穿梭油轮在中国船舶大连造船厂正式交付。早已等候在电视机旁的中海油国际融资租赁有限公司（简称“海油租赁”）业务一部市场副总监杨顺庆兴奋不已，思绪一下子回到了三年前……

央视《新闻联播》报道全球最大级别15.5万吨穿梭油轮正式交付

为持续巩固产融结合成果，积极服务主责主业，海油租赁探索加入诺思先锋项目融资行列。2020年8月，杨顺庆率队与北海船务开展项目合作意向讨论。彼时，由于海油租赁公司规模较小，海外融资经验不足，北海船务对杨顺庆团队的报价一直存在疑虑。

在随后的两年里，杨顺庆率业务开拓团队一遍又一遍地向对方阐述融资租赁方式的优势，同时积极在市场上寻找最有竞争力的资金来源。精诚所至，金石为开，最终，他们锲而不舍的精神和过硬的专业素养打动了北海船务。2022年6月22日，北海船务发来询价函，要求海油租赁进行报价。

早已摩拳擦掌的杨顺庆，迅速带领团队报出了最具竞争力的价格。7月5日，海油租赁收到北海船务通知，确定将海油租赁公司作为诺思先锋项目的融资合作方。杨顺庆终于松了一口气。

然而，中标通知既代表成功的喜悦，也带来无尽的压力：这是中国海油历史上第一笔国际直租业务，毫无经验可借鉴，能保证项目顺利推进吗？从中标到项目放款，仅仅1个多月时间，项目涉及融资方、造船方、业主、律师事务所，能按时完成任务吗？300多页的外文法律文件，涉及英国法、香港法、国内法等，他们搞得定吗？

越是艰难越向前。关键时刻党员干部纷纷站出来，向公司请命成立党员先锋队。公司党总支召开“动力定位穿梭油轮项目党员先锋队”授旗仪式，形成了扛旗党员、联动党员、团员群众和统战人士协同作战的“1+X+Y”模式。党总支书记与先锋队签订“军令状”，号召先锋队要秉承“集团所需、租赁所向”的宗旨，发扬共产党员冲锋陷阵、攻坚克难的模范带头作用，高效高质量完成动力定位穿梭油轮项目相关合同谈判、审查、签订，以及承租人相关决议获取、资金筹措等工作，确保按照承租人要求于2022年8月23日完成放款。

党组织的号召很快转化成实际行动。业务端，市场开拓团队倒排时间计划，把每项任务做好分工、责任到人，积极与各方协调互助，坚守底线原则，想尽一切办法，用最高效的方式实现合同签署。融资端，公司分管领导亲自坐镇指挥，在融资协议最关键的一轮谈判进入焦灼状态时力挽狂澜，最终就所有关键事项达成一致。法律端，两周时间完成律师选聘，一周完成三份主要法律协议的起草，四周完成融资租赁主合同定稿……最终，先锋队员以超常规的支持完成了银行、客户普遍认为的“不可能完成的任务”。

“项目时间紧、任务重，任何一个环节掉链子都完成不了。”先锋队员陈茜斯坦言，“我们在党员的带动下，心往一处想、劲儿往一处使，就好像接力跑一样，前一棒送一程、后一棒提前跑，终于取得了最后的胜利。”

故事启示

这则故事告诉我们，众人拾柴火焰高，个人的力量是渺小的，集体的力量是巨大的。面对前进路上的各种挑战，我们要切实增强党组织政治功能，充分发挥党组织战斗堡垒和党员先锋模范作用，团结带领广大员工聚焦主责主业，攻坚克难，彰显责任担当。

敢打敢拼的工程兵

中海石油（中国）有限公司上海分公司 | 刘平 刘玥 吴俊杰

当有人问你怕不怕难？可能很多人会说，我不怕难！但如果有一天，当你面对的工作风险翻倍、难度翻倍，甚至毫无规律可循时，这个时候你还敢不敢带头挺膺出征？

故事的主人公叫刘平，是一位“80后”的工程人，他敢。他勇挑重担，坚定向前，肩负起改造工程中十分不起眼，但风险高、难度大、挑战性极强的工作，为公司提产增效默默奉献。

刘平，20年前作为公司“黄埔一期生”加入公司，开启了他挥洒青春热血的工程建设之路，一步步稳扎稳打。2021年，公司迎来最大规模的A平台改造项目，改造工作量达3400多吨，相当于在海上建造1.5个井口平台，且海上的施工难度原本就是陆地的3~4倍。攻坚时刻，谁敢横刀立马，迎难而上？公司领导再三权衡后，点将刘平，而他更是没有半点犹豫，毅然挑起这项重担。

项目设计阶段，他主动协助开发部门，组织多方项目参与者上平台与生产方奋斗在一起，对工艺流程核算再核算，对施工方案论证再论证，最终拿出对生产影响最小、成本最低、高效可行的方案。实施阶段，刘平对每个细节都严格把关，哪怕是一个阀门、一个弯头。采办方面，他跟踪管理到每个设备的三级供应链，对到货进展情况甚至比承包单位项目经理都清楚；施工时，面临联合作业的复杂局面，他协调守护船、吊机、甲板和POB，为按时完成安装打下了坚实基础；调试和停产攻坚时刻，每个接入点的隔离、清洗、惰化、检测和风险控制，他都要亲自组织分公司专家和作业区现场团队逐一审查至少3遍，确保进度和安全万无一失。

刘平在进行板式换热器清洗维修检查

受当时客观情况影响，大量工作从陆地转移到海上，“遭遇战”一触即发。刘平拿出拼命三郎的劲头，带领180多人在海上鏖战600天。面对连续3个台风、冬季季风等恶劣天气，他始终坚持灵活运用“游击战”管理策略，精准把控、有效利用一切施工空间和时间窗口，最终将32台大型设备、6000米管线、600台阀门和10万米电缆通过人力倒运安装到位，把原本在陆地上都需要2个月才能完成的湿气压缩机调试工作，在海上仅用时15天便完成了。

有了A平台的首战告捷，刘平更加坚定信心。2023年末，刘平再次领命，迎战2024年公司产量目标的关键设备——B平台三台干气压缩机的改造任务。“熟悉的配方”却有着不同的味道：建设工期临时调整，比原计划压缩25天，且春节临近。办公室里洋溢着节日前的喜悦，办公室外的一角，刘平给远在四川老家的母亲拨通了电话：“妈，今年过年我留在平台上不回去，娃儿还是送回去交给你咯。”扛起的是工作的重担，放不下的是对家人的牵挂。刘平带着思念，义无反顾地踏上征程，春节期间在平台上逐一梳理工作脉络，协调各个专业，终于在2024年5月10日带回捷报——B平台改造提前50天完成！

刘平（右二）和同事在进行变频器调试

敢打，敢拼，敢战，敢扛起重担！正是靠着这样一股精气神，刘平让项目上产有了最坚实的设备保障。这不仅仅是刘平的万丈光芒，更是所有工程铁军未来劈山开路的锋芒。

故事启示

在这则故事里，刘平啃下平台改造这块“硬骨头”，实现平台改造提前50天投产，靠的是“敢”，但在“敢”的背后，更加显现出他的安全意识、底线思维和过硬本领。面对困难和挑战，不逃避，不退缩，坚持不懈、勇于挑战才是成功的关键。这种精神不仅体现在个人的专业技能提升上，也体现在对工作的热爱和对质量的追求上，更体现在对团队和项目的贡献上。这种精神是对事业的奉献，更是个人自我价值的实现。

迟到的一周，刚刚好

中海石油（中国）有限公司上海分公司 | 高锐 叶浩然 黎有康

对海上一线员工来说，更多时候海上最大的困难不是风雨，而是对家人的思念。太阳落山的时刻，他们总会想“何日归家洗客袍”？归心似箭，每一天都归心似箭。如期归家便是对家人最大的承诺。这是一个用迟到的一周，成就了一切刚刚好的故事。故事的主人公叫高锐，是海上一线的一名普通石油工人。

“爸爸，你什么时候回来呀？妈妈说她打完病毒就回来陪我了。”时光倒回至2022年6月，电话那头儿子稚嫩的声音，夹杂着对父亲归家的期盼。高锐的妻子是一名基层医护人员，当时正奋战在抗疫前线。他面临着一个艰难的选择：是按计划两天后下平台陪儿子，还是延期下平台参与即将开始的年度检修。虽然他也曾犹豫，但考虑到特殊时期平台人手紧缺，作为班组长的他还是毅然选择了后者，并与儿子约定好了一周后的见面。

“兄弟们，我已经和领导申请干完大修再下去啦，现在情况特殊，我不能走。”高锐的这份坚持，感染了在场的每一个人。“锐哥，那我也不下了，我跟着你一块儿干完再走！”“我加入！”“那我也加入！”一句又一句的“我也加入”让生产队伍壮大了起来。

检修日程紧锣密鼓，由于前期人手不足，已经做完准备工作的原油分离器等待着清罐处理，开罐检验一拖再拖，甚至可能影响气田群的整体复产，这将直接影响到江浙下游千万居民的生活用气！关键时刻，公司领导亲临现场，与兄弟们同吃同住同奋战：“人手不够，咱自己顶上！”

说干就干！虽然已是晚上八点，作为检修负责人的高锐仍迅速部署：“小刘，你

高锐在现场进行工作巡检

和边塞一起拆除管线。”“朱大哥，你力气大，人孔就交给你啦！”“浩然你刚来，你就把进罐的空气管线看好，我来进罐清淤。”他把最脏最累的活留给了自己。只见他穿着洁白的防护服利索地钻进了罐里，罐中淤泥没过了膝盖，每一步都走得异常费劲。他一铲一铲把淤泥送到罐口，外面的污油桶装满了一桶又一桶。浩然紧张地看着气源管线，生怕旁人误动作切掉气源，此刻这条管线就是高锐的“生命线”。

这一干就是2个小时，当高锐出罐的那一刻，虽经历过无数次这个场景，但大家的鼻子还是一酸——原本洁白的防护服已被浸染成墨色，全身上下能看清楚的只有他疲惫的双眸。在团队的通力协作下，作业顺利完成，汗水与笑容交织在他们满是油污的脸庞上，高锐兴奋地说道：“我就知道咱们一定行！”

一周后，大修任务如期完成，他们站在飞行甲板上等候着回家的班机，吹过脸颊的海风似乎在为他们低吟，诉说着关于敬业、团结与爱的故事。

在这个阳光明媚的日子，刚下飞机的高锐拨通了家里的电话：“宝儿，爸爸晚上就可以到家啦，给你烧最爱吃的红烧排骨。”“真的吗？太好啦，妈妈和我说她也打完病毒了，你们可以一起回来陪我了！”

这迟到的一周，刚刚好。

高锐及其班组成员合照

故事启示

这则故事生动诠释了海油人的“小浪漫”与“大情怀”、“小思念”与“大担当”。作为父亲的高锐也在孩子心中播下了担当的种子，终有一日，“海苗”也会成长为像父亲一样的男子汉。有时候，“晚一点”并非意味着错失，也会收获幸福的果实，这是对责任与奉献最大的回报，也让我们更加理解了何为团队，何为牺牲，何为责任！

点点萤火，皆为“星光”

中海石油气电集团有限责任公司 | 郭智博 李佳冉

作为土生土长的莆田人，还记得第一次与中国海油相遇，是在2008年高考后的一个傍晚，我站在莆田秀屿枫亭港的渔排上，眺望湄洲湾，莆田电厂的璀璨灯光映入眼帘。听渔民们讲，这是福建省引进的中国海油大项目，那几根大烟囱，不冒烟也能发电，我不免心生好奇。

中海石油气电集团莆田电厂四台机组傍晚景观

2012年，大学毕业的我满怀憧憬加入中国海油，成为莆田电厂的一员。能在家门口的能源企业上班，我无比自豪。

然而，初入职场的我看着堆积如山的培训资料，面对“隆隆”作响的机组设备，仿佛一只跌进“钢铁森林”的“萤火虫”，一时找不到方向。

“小伙子，新来的吧？走，跟我去现场转转！”皮肤黝黑、个头不高的王茂芳出现在了我的面前，成为我的第一位师父。当时他负责班组培训工作，人称“钩哥”——因为他总是随身揣着一把阀门钩，只要看到设备上有阀门，总要去拧一拧。

一开始我还好奇地问为什么，他却只说“没啥，就是确认下阀门状态”。后来我发现，每次巡检没一会儿，他就会突然“消失”，还总比大家晚回班组。我心想：“什么‘钩哥’，不过就是一个爱偷懒，会‘摸鱼’的‘老资历’罢了。”

2013年1月，3号燃机完成首次大修后进行燃烧调整试验，原本8个小时就能顺利完成的试验，却因为一项关键参数不达标迟迟没有结束。燃烧不稳定会造成机组在运行过程中突然熄火跳机，将直接影响整个福建电网的安全。我们这群新员工在一旁不知所措，只能干着急，“你们看，‘钩哥’又不见了，平时‘摸鱼’就算了，这么重要的时刻也不见人。”人群中有人小声嘀咕。

眼看到了晚上10点，距离电网批复的调试工期只剩2个小时。再次调整参数后，第8次试验开始了。众人屏住呼吸，紧盯后台，但“红色告警”依旧刺眼，专家一时间也面露难色。

“找到了！找到问题了！”突然，一个声音打破了僵局，只见“消失”许久的王茂芳满头大汗地跑到大家面前。原来，这段时间他一直在现场查找问题，挨个阀门确认，最终发现是燃料系统里一个不起眼的小阀门卡塞，导致燃料阀实际开度不符合要求。

试验再次启动，调试一次成功！集控室瞬间爆发出热烈的欢呼声。那一刻，我突然明白，师父每次巡检的“消失”和晚归，并不是在“摸鱼”，而是把设备巡检这项基础工作做到了极致。

盛夏的湄洲湾，三面环山、常不见风，有风时还夹带着海上的热气，一趟几百个阀门下来，一身的工服早已被汗水浸湿。在这样的条件下，王茂芳一干就是10余年。电厂上到锅炉60米高的烟囱，下到坑洞里狭窄的排污管，没有哪个设备能逃过他的手心。错综复杂的管道，成百上千个阀门，他总能第一时间说出具体位置，“钩”上的瘢痕点点，是他长年累月与阀门“对话”的印记。

王茂芳正在进行阀门校对

“简单的事情重复做，重复的事情用心做。”师父用实际行动让困惑我许久的问题有了答案——纵有满腔热情，也要脚踏实地。

在莆田电厂20年的征程岁月中，正是因为有许多像王茂芳这样满怀热情与赤诚的海油人，扎根在平凡的岗位上，扎根在轰鸣的设备中，扎根在点滴的节能降耗里，电厂机组度电成本创下近十年新低，3号机组更是连续6年获评全国同类型机组生产厂用电率最优奖，成为行业内厂用电率的领跑者。

从巡检到值长，从初级工到技师，从青年先锋到党员突击队队长，跟随着师父的步伐，一步一个脚印，我这只小小的“萤火虫”也在茁壮成长。

再站在枫亭港，眺望湄洲湾，万家灯火，璀璨通明，我的心情依旧激动，不只是因为看到了家乡发展得越来越好，更是因为自己已经成为这点点星光中的一分子，

师带徒进行现场巡检要点讲解

与像王茂芳一样平凡的海油人一起，汇成了守护万家灯火的星海，这份自豪与荣耀是当年的少年体会不到的。

故事启示

这则故事告诉我们，胸怀大志更要脚踏实地，在矢志“能源报国”的道路上，要一步一个脚印，在循环不息的重复中，熟能生巧。“日拱一卒无有尽，功不唐捐终入海。”工作的热情加上脚踏实地的努力，终将收获成长与硕果。

耕耘于“暗”，绽放于“光”

中海石油化学股份有限公司 | 苟卫玮 吴美娟 蔡暖

在中海油化学富岛公司（简称“富岛公司”），有这样一位“焊匠”，以精湛技艺和不懈奋斗书写着能源报国的篇章，他就是焊接专家、全国五一劳动奖章获得者李方全。

有一次，赶上年度计划性大修，在42摄氏度的高温环境中，李方全用近11个小时的时间，完成大修项目的关键焊接。走下工作台时，他用力跺跺脚、甩甩手，似乎是要摆脱长时间保持同一个姿势的肌肉记忆。富岛公司化肥一期装置区，因没了白日里人来人往的喧嚣声和工器具的碰撞声，在夜幕下稍显安静。李方全的内心却泛起波澜，他仰望着离地面30多米的尿素振动筛框架，疲倦的脸上展露出惬意的笑容，这次大修的关键焊接在他17年的“焊匠之路”中只是一次浅浅的印痕。

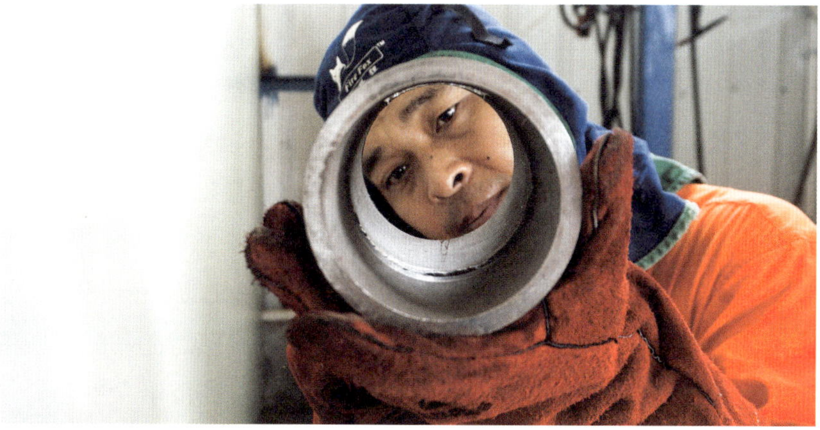

李方全正在检查焊接件的质量

17年前，李方全怀着一腔抱负到琼州大地，以高级技能人才的身份投身富岛公司。初来乍到，他便迎来了艰巨挑战——到岗后的第一次值班，他就接到了年产60万吨甲醇装置合成气压缩机驱动透平入口高压蒸汽电动阀泄漏的紧急堵漏任务。当时正值甲醇市场的销售高峰期，停车一天将造成高达300多万元的经济损失。然而，不停车在线检修作业难度极大，若无高超技艺，几乎无法实现。公司已做好停车检修的准备，可李方全不甘心，他主动请缨，尽管没有十足把握，但他的坚持和做出的精细方案，让他获得了一次在线检修的机会。

由于泄漏点位于阀杆周围，空间受限，增加了焊接难度。李方全巧妙地采取使用半根焊条以及撇弯焊条的方法，减少空间阻碍盲区，配合“焊接加铆錾”的方式，经过4个多小时的奋战，成功堵漏。

工作中的李方全对自己要求严苛。重要部件的焊接经常需要一次性连续作业，他能始终保持专注。正因如此，他练就了一身绝活。

2020年，富岛公司化肥一期装置年度计划性大修伊始，李方全接到工艺人员的求助：尿素装置汽提塔底部出口液位调节阀无法根据流量特性曲线进行调节。经过仔细勘查，他发现了调节阀阀芯材料组织结构的变化。有人提议购买备件更换，以免影响装置开车运行。但李方全不想放弃，他凭借多次创新焊接的成功经验，决定攻克这一难关。

他翻找出原来弃用的相同材质部件，开始进行焊接试验。一次又一次的失败没有让他气馁，功夫不负有心人，他终于摸索出了焊接方法，开了全国大氮肥行业焊接超级双相不锈钢材料的先河，为日后的焊接工作积累了宝贵经验。

17年来，李方全参与装置检修40余次，完成焊工作业3200余项，开展装置不停车在线检修95次，获得实用新型专利5项，带领工作室为公司创造经济效益上亿元。功夫不负有心人，李方全获得了系统内外的认可，全国示范性劳模和工匠人才创新工作室领衔人、全国技术能手、全国五一劳动奖章等荣誉接踵而至。这些荣誉向我们展现了他作为海油人的奋斗之美。

焊工的工作，常常是身旁守着高温部件、头上顶着烈日骄阳，十分艰辛。但在李方全眼中，这却是“美差事”。无数个与弧光相伴的日夜，他从未有过停歇的念头。他用焊枪点亮梦想，用焊枪丈量塔林，以“敢创新、肯奋斗、勇担当”的精神品质，诠释着一名海油人的荣光。

李方全在进行焊接作业

在企业高质量发展新征程上，李方全始终秉承“碧海丹心，能源报国”之志，履行着技能报国的使命。他以自身的行动，激励着更多人在技能成才的道路上奋勇前行。

故事启示

这则故事告诉我们，干一行、爱一行，精耕细作、永不止步，一定能走出一条技能人才之路。以“匠心”专注于日常的每一项工作，每一项工作都将是“精品”。正如李方全，用一把焊枪、一双巧手解决众多焊接难题，在平凡岗位上绽放出最美“焊花”。

康船长与“深海一号”的台湾海峡之旅

中海油田服务股份有限公司 | 张庆 刘振升 于博伦

2021年1月27日，“海洋石油681”船拖带“深海一号”能源站穿越台湾海峡时，突然遭遇极端恶劣天气。已经一天一夜没合眼的船长康桂栋正在驾驶台分析气象预报，彼时，海上刮着8～10级大风，船头扎进海里又被六七米高的海浪狠狠掀起，康船长布满血丝的双眼紧紧盯着三条船与平台的钢缆连接区域，生怕出一点问题。

“海洋石油681”船拖带“深海一号”能源站克服恶劣天气和海况影响，穿越台湾海峡

“除值班人员外，所有人到会议室集合。”康船长用广播喊话。

“现在遇到这么大的风浪，光是单船拖带就非常棘手，何况这次我们还是国内首次三船并拖方式，要面临多角度转向问题，更是难上加难。怎样保证安全顺利穿越海峡，大家说一下自己的看法。”康船长说。

“康船长，我看平台与涌浪激起的海水都上到平台甲板了，我们这三条船摇晃得厉害，很难保证平台按计划航行拖带，要不要在滞航区掉头滞航等风小一点再过？”大副提出自己的想法。

“一旦进入滞航区就要面临两次掉头的情况，这种海况下三船并拖掉头，风险太大了，我们也没有经验可以借鉴，而且也不知道这风浪什么时候会小下去，要等风过去再航行，我们等不起。”

大家还是纠结着到底走还是不走！

康船长坚定地站起来说：“现在全体海油人的目光都汇聚在我们这里，我们可不能掉链子，必须安全高效渡过海峡。这条航线我们已经模拟几十遍了，我们有底气，按原计划进行！”

“船长，船实在是太摇了，我们下面的同事很多都晕船了，头晕恶心，症状很严重！”船员说。

“我这里有些橘子，你拿去给大家分一分，吃了会好一点。”康船长说，“挺进深海是几代海油人的梦想，我们手中接过的是先辈们的船舵，现在正是展现海油人使命担当的时候，大家坚持住！”

“轮机长，螺距还能加一点吗？现在的速度得不到保障！”康船长问。

“康船长，螺距还能加5%，现在已经满负荷了！”轮机长说。

狂风卷着浪涛，呼啸着压上船。三条船与平台连接的钢缆紧绷出水面，轮机长紧盯着拖缆张力的数据，丝毫不敢掉以轻心。

“前方船舶注意！这里是三船并拖作业，请注意我方动态，及时避让！”前面的护航船及时通知过往船舶。

前方的浅点区是整个航程最为关键的一段，也是最后一道难关。

“通过前面的浅点区，我们就成功穿越台湾海峡了，各船注意听我指挥！护航船组织前方水域船舶避让，各拖船备好侧推，保持好沟通，我们按计划准备‘之’字形转向。”康船长指挥着船员，“左拖船向右打舵，右拖船加两个螺距，主拖船收紧一点钢缆，注意钢缆张力！”

大家的精神高度紧张，康船长的眼泪从通红的眼中慢慢流出来，却仍不敢眨一下眼。他精准地下达每一条指令，各船高度配合准确执行。

就这样，经过小角度5度的高频转向、收放钢缆，当船走完“之”字最后一笔时，拖航船队成功驶过台湾海峡。

“深海一号”能源站精就位期间，“海洋石油681”轮机长对卸扣进行电焊作业

此时正值凌晨，连续奋战的同事们躺在甲板上休息，狂风巨浪也消退了不少，东边的一抹红霞预示着太阳即将升起，穿越的成功让大家心情激动。

“康船长，向我们左拖船这边看，那边是台湾岛，你们看到了吗？”初升的太阳映着台湾岛的轮廓。

“看到了！”甲板上的兄弟们大声喊道。虽然外面依旧水雾弥漫，但他们看得是那么真切、那么清晰。

"深海一号"能源站安家后，多艘船舶各司其职，为后续的投产工作保驾护航

最终，拖船成功拖带"深海一号"能源站按时到达指定位置，完成了使命，正如一代代海油人一样，克服困难、突破自我，最终创造了奇迹。

故事启示

"海洋石油681"船拖带"深海一号"能源站克服恶劣的天气条件和海况，抵达指定海域。这则故事告诉我们，路虽远，行则必至，前路再难再险，只要坚定信念，做好充分的准备，科学合理应对，就一定能克服困难，驶向胜利的彼岸。

一根发光发热的“焊条”

海洋石油工程股份有限公司 | 李景强 苏衍福 陈春燕

对海洋石油工程股份有限公司（简称“海油工程”）国家级技能大师工作室领衔人刘海林而言，焊接是一种艺术，也是一种思维，这种思维是为机器赋能的“翅膀”。他常把自己比作一根焊条，在有限的长度里努力发光发热。

1998年，18岁的农村娃刘海林离开山东老家，成为中国海油的一名电焊学徒工。刚开始拿焊枪，他的手臂会不由自主地颤抖，因此被同事们戏称为“吊车尾”。在一度想要放弃时，他默默地告诉自己：“再坚持一下，也许就会好起来。”

“坚持一下，再坚持一下。”这简简单单的九个字，成了刘海林战胜一切艰难险阻的法宝。为了提升焊接稳定性，他每晚都在胳膊上吊板砖练习手腕耐力，从一块砖增加到两块砖，从半小时延长到一小时，再到两小时。魔鬼式训练让他的胳膊肿得像碗口一般粗，痛得连筷子都拿不稳。几个月下来，他的手越来越稳，焊接质量也越来越好，终于练出了扎实的基本功。

电焊是个苦差事。夏天钢管里温度高达六七十摄氏度，工作时整个人就像从水里捞出来一样，工鞋里都能倒出水来。冬天寒风呼啸、滴水成冰，冻僵的双手几乎握不住焊枪。就在这样的艰苦环境中，刘海林一焊就是一天，一焊就是20多年。

2019年8月19日，是刘海林连续在流花16-2项目铺管施工的第173天，清晨醒来，他突然感到头脑里一阵嗡鸣，左耳也听不见了。

“这是作息不规律引起的间歇性耳聋，得赶紧回陆地治疗！”海医的话仿佛一盆冷水浇在刘海林的心头。然而，项目工期十万火急，他管理着全船上百名电焊工，肩头责任重大。

经过深思熟虑，他决定不回陆地，先用药物维持。由于过量服用牛黄解毒片，他一度出现剧烈的腹泻反应，但一直默默坚持着。直到失聪的第七天，海管铺设任务已接近尾声时，领导察觉到了他的异样，他才“被迫”返回陆地接受治疗。可是由于错过了最佳治疗时机，直到现在，他的左耳仍有听力障碍。

刘海林带领团队开发海管全自动TIP TIG焊焊接工艺

2022年，海油工程天津智能制造基地投产。但是智能化设备如同沉睡的巨兽，想要唤醒它们并非易事。复杂的操作指令、全英文的程序代码、海洋结构的非标准化和复杂性，让机器人这些高端设备形同虚设，大家都“敬而远之”。

在外人看来，精通各种传统焊接方法的刘海林，在一定程度上也被视为“局限于传统技艺”的人。甚至有人戏言：“让‘大国工匠’带着他的机器人‘徒弟’来展示一下智能焊接吧！”

面对质疑，刘海林也曾怀疑自己。但他深知，数字化和智能化是焊接作业、乃至整个能源领域发展的必然趋势，不想被淘汰就必须主动出击！因此，他下定决心要“玩转智能化焊接”。在那段日子里，他如饥似渴地钻研机器人焊接技术，同时恶补英语，每天都学习到深夜。

为了程序里的几条指令代码，他驱车赶往60公里外的天津市国家级焊接机器人培训基地，自费学习编程。为了学以致用，他在试验工厂的焊接机器人试验区，带领团队一“泡”就是八九个小时。

刘海林正在为示教焊接机器人进行编程

一天、两天、三天……

“坚持一下，再坚持一下。”

从焊缝不成型到成型；从平焊、横焊到立焊，再到仰焊；从直形焊缝到弧形焊缝……刘海林与团队成员在数千条焊接数据库里翱翔，犹如大海捞针般摸索试件最合适的焊接数据。

一组组不同参数的组合，一遍遍的重复试验，一张张密密麻麻的笔记。

“坚持一下，再坚持一下。”他坚信，他们一定能行。

刘海林团队研判机器人焊接情况

三个月后，刘海林和团队成功了，三名选手在天津市第三届“海河工匠杯”机器人焊接大赛中分别获得第四名、第七名和第八名的好成绩。

“我们真的行！”捷报传来，大家沸腾了，争着抢着学习机器人焊接技术。

他的机器人“徒弟”也从最初无法成型，变成掌握全位置焊接技术的“行家”，成了各项目争抢的“香饽饽”。

故事启示

刘海林凭借坚韧、奋斗和精益求精的精神，从一位农村娃成长为“大国工匠”，从传统焊接“里手”成长为智能焊接“行家”。他的故事告诉我们，人生之路难免遇到各种困难和挑战，只要我们秉承“咬定目标、永不言弃”的奋斗精神，“坚持一下，再坚持一下”，就一定能攀上高峰。

安得广厦千万间

中海实业有限责任公司 | 徐昕 杜秋红

有这样一个小伙子，他在大学毕业后，毅然选择环境艰苦的施工一线，主动请缨参与高强度高难度项目建设，勇闯基建关，争做“排头兵”。他是海油陆地基建项目的典型“土木人”，“逢山开路，遇水架桥”，步步涉险滩、次次闯难关；他也是一位温柔而坚定的铮铮铁汉，一入海油廿六载，八方安厦千万间。26年来，他参与完成的工程项目建筑规模已达100万平方米。他就是杨青山，现任深海基地项目总经理。

26年前，他带着年轻人的雄心壮志，走在入职报到的路上，眼前的车水马龙让他流连忘返。“嘿，小伙子，快上车！”一阵急促的催喊声将他的思绪拉了回来，随着大巴车缓缓开动，1个小时，3个小时……映入眼帘的景象逐渐由繁华胜景变为杂树、荒草、野滩。这，便是他职业生涯的第一块荒地。那时，他便深知，往后的日子，就是荒地起楼房，从楼房再换去新荒地的日子。这种苦，是一辈子，不是一阵子，可是，他就是要选择这条艰苦、漂泊之路。26年来，他做到了。

他曾北上京津，参与建造天津研发产业基地项目和中国海油工业陈列馆，建筑作品获得国家优质工程奖银奖等业内多个顶级大奖。其间收到精装修专项研究紧急任务，短短20天便交付出极具推广价值的研究成果。

他曾南下粤琼，主持完成惠州海油大厦，项目建成后，总投资节省达8000万元；参与建造了高度高、地基深、难度大的深圳海油大厦。

他曾西至藏北，在海拔4800米的西藏尼玛县，一干就是三年，坚持“低氧不低标准，缺氧不缺精神”。他带领援藏团队圆满完成任务，获得尼玛县“荣誉市民”称号。

杨青山与工程技术部人员讨论设计图纸

他曾东抵上海，高效组织完成上海海油大厦的初步设计方案，在保持规模不变、外观不变、功能不少的前提下，将非常规结构转变为常规结构，解决了概算超估算3亿多元的棘手问题，节省工程投资上亿元。

“需要我，我就上，没有理由！”受命之时，他从不问缘由，只默默地背上行囊，告别妻儿，踏上征程。

“我一定要试一试。”建设深海基地项目是中国海油参与海南自贸港建设的重要环节，受政策影响，项目如期开工的可能性微乎其微，而这又是该项目的第一个重要节点。怎么办？他主动研究政策，对比同类案例，积极对接沟通，创新提出分阶段招标等解决思路，用韧劲和毅力解决重重困难，将“如期开工”由不可能变为可能。

自古忠孝难两全，他一年四季、不分昼夜地忙于项目建设，鲜有时间陪伴家人。在一个难得的岁末，平时坚守项目现场的杨青山与家人一起守在播放春晚的电视旁，享受着浓浓亲情。他偶然发现父亲神色凝重，反复用力捶打胳膊。“怎么了爸？”“没事，锤锤舒服。”父亲为难地答道，做儿子的却记下了父亲的举动。

假期结束的第一时间，他带着父亲去了当地最好的骨科医院。“您父亲得赶紧入院，路上再多颠一下，颈椎神经恐怕就要断了，人就瘫痪了。”医生焦急地说。听闻

尼玛县牧民朋友献哈达

此言，他惊出一身冷汗。问起原因，才知道父亲几个月前发生了交通事故，后脑勺着地，家人担心影响他工作，就没"走漏风声"。回想起父亲出事的日子，正是项目招标的封闭期，红线内一步也不能离开，愧疚、无奈与苦楚拧做一团，杨青山内心久久不能平静。

家人的支持给予他无限动力，让他毫无顾虑地投身到每一个建设项目中。就这样，他将一张张蓝图变成实景，一块块砖瓦垒成高楼，用26年传承着"爱国、担当、奋斗、创新"的精神。在精神之光的照耀下，海油基建人也必将同行天下，共筑山海。

故事启示

"逢山开路，遇水架桥"，步步涉险滩、次次闯难关，是基建人的真实写照。爱国为根，担当为魂，奋斗不停，创新不止，弘扬和传承海油精神，是每个海油人的使命与任务。无论什么年纪，无论什么职位，都要矢志不渝守初心，坚守岗位肯吃苦，胸怀激情铸梦想，用无悔的光阴成就一番事业，用无悔的岁月描绘绚丽人生。

风海试炼场的逐梦人

中海石油（中国）有限公司北京新能源分公司 | 谢竹莉 夏海萍 孙宇亭

2023年6月的一个平静夜晚，我站在办公室的窗边，望着窗外静谧的天空。这个夜晚，中海油（广东）综合能源有限公司（简称“广东公司”）的会议室灯火通明，大家都在为即将到来的“海上风电竞配”做最后的准备。这场竞争不仅关乎中国海油新能源产业发展的未来，也承载着一群追风人的梦想与坚持。

广东省的海岸线长达4000多公里，南海海域风能资源丰富，深水风能资源亟待开发。为了获取这些宝贵的资源，广东公司决定参加政府主导的“海上风电竞配”。这次竞配吸引了包括中国海油在内的各大能源企业参与其中，大家都准备在这场综合实力的“角力场”上一决高下。

随着竞配公告说明发布，这场“大战”进入紧张的倒计时。8个沿海地市30个项目同时组织竞配，数十家能源央国企闻风而动，参与竞配的企业均势在必得。

广东公司负责人龚晓晓站在会议桌前，桌上铺满了准备竞配的资料。他深吸一口气，向团队布置任务：“这次我们决定参加湛江、汕尾、珠海3个城市的5个项目竞配，从发布说明公告到完成竞配联合体协议签署、提交材料，仅仅两个星期，最短的项目只留给我们5天时间，时间紧迫，任务艰巨，大家务必全力以赴。”

从着手竞配那天开始，全员都忙成了旋转不停的陀螺，办公室深夜依旧热闹，键盘敲击声、打印机工作声、急促的脚步声、激烈的讨论声，仿佛一曲奋进激昂的交响乐。在各地奔走协调洽谈的同事也丝毫不敢松懈，从粤西到粤东，从合作单位到政府部门，从清晨到深夜，与时间赛跑，奔赴一线、面对面洽谈获取最新、最可靠的竞配消息，与办公室的同事齐心协力，互相配合，共同为竞配成功打下坚实基础。

在一个深夜，几位核心成员正在紧急讨论竞配策略。面对堆积如山的文件，我不禁回想起几天前在一次非正式行业交流会上的情景。其他能源央企的员工对中国海油参与竞配表现出不以为然的神情，令我心里充满了压力。但我瞟了一眼身边的团队，看到同事们每个人都精神振奋、斗志昂扬，我心中的决心更加坚定。

在前往某地政府的路上，因为会谈时间紧张，我们只买到高铁站票。经过一周的辗转奔波，大家已经疲惫不堪，倚靠在车厢连接处休息。我忍不住问：“这次咱能成功吗？”公司前辈白俊看了我一眼，目光坚毅：“小夏，把心放到肚子里，咱可是中国海油！没问题的。”接着指向车窗外，说道：“你们看，这片海域未来将是我们建设发展海上风电场的地方。”几人立刻站直了身板，目光炯炯地看向白俊手指的方向，眼中充满了光与希望，仿佛已经看到一台台风机在海面伫立，迎着海风徐徐转动。

“大战”接近尾声，推着赴京送审沉重的资料箱，我再一次忍不住小声嘟囔：“这次咱能成功吗？”资源开发专务田红停下脚步，认真地看着我：“小夏，我们不是孤

有限新能源部、新能源分公司、广东公司等相关部门人员参加广东海上风电竞配材料在京送审用印

勇者，海上可是我们的主战场。相信自己，相信团队。”

后来我才知道，这次竞配我们得到了多家兄弟单位的鼎力相助，大家都在默默支持着我们。此次出征不是我们团队一支力量在战斗，而是一场海油新能源的“大会战”。

最终在各兄弟单位的支持下，我们如期完成了5套申报材料的印刷装订、联合体单位确认、赴京送审、报送相关城市等工作。10月到12月期间，广东省和汕尾市相继发布文件，明确由中国海油主导开发相关国管、省管海域风场。广东公司终于为中国海油赢得了参与“海上风电竞配”的首次胜利。

前方的道路依然充满挑战，但我对未来充满了信心。海油人进军深海，追风逐梦的脚步从未停歇。遥想当年莺歌海那束小油苗，再看今朝“观澜号”成功屹立深远海，新能源人用实干迈出了资源竞配胜利的第一步。路在前方，事在人为，我们必须时刻准备着，为中国海油新能源事业更上一层台阶贡献应尽力量。

故事启示

在新能源产业的征途中，从深夜的灯火通明到跨地域的奔波协调，每一个细节都凝聚着团队的智慧与汗水。这则故事告诉我们，面对挑战与未知，团结协作、坚定信念是通往成功的关键。海油人以无畏的勇气和不懈的努力，证明了“事在人为”的真谛，正是这份坚持与信念，让他们在激烈的竞争中脱颖而出，为中国海油新能源事业发展打开了新的篇章。

有“劲儿”

中国海洋石油集团有限公司财务共享服务中心 | 周晓倩 王铮 李文韬

心若有所向往，何惧道阻且长？从传统财务到共享财务的这条路，中国海洋石油集团有限公司财务共享服务中心（简称“财务共享服务中心”）的薛奥走了两年，她以勇气和智慧铆足了劲儿，书写着财务领域青年员工成长新篇章。

薛奥的“劲儿”，是以学习为底色的“冲劲儿”。

加入财务共享服务中心后，薛奥深知，应实务操作与理论知识相辅相成，缺一不可。当得知集团公司即将举办会计技能比武大赛时，她暗自下定决心，要代表财务共享服务中心考出好成绩。每当夜色渐浓，她便坐在书桌前挑灯夜读，手中的笔在纸上飞快地舞动，每一次演算，都是她与知识的对话；一支支耗尽的笔芯，见证着她的刻苦。终于，她的名字出现在了个人赛一等奖的名单上。

“每次遇到新的业务，我都会去翻翻准则，查查权威文章，参加比武的时候就是想着以考促学。”谈及自己的成功，薛奥谦虚地说。

她的“冲劲儿”，源于对知识的渴望和对专业的热爱，更源于对自我挑战的勇气与决心，正是这种不断进取、勇于挑战的“匠心”，让她成了一名财务技术能手。

薛奥的“劲儿”，是紧盯每个数字的“细劲儿”。

理论基础打牢后，薛奥开始将其运用到业务工作实践中。“干财务有点像警察破案，大胆怀疑动机、谨慎寻求证据。”这是她时常挂在嘴边的一句话。

2022年12月，薛奥参加了中国海油决算参数集中审定会。面对260余张决算报表和近8000条审核公式，她斗志满满，仔细审核每一个数字。2023年2月，薛奥因出色的工作能力被集团公司财务资金部借调参与二级单位决算会审工作。那段时间，她白天作为陪审团提出报表问题，晚上作为书记员整理会议纪要。她用“火眼金睛”发现了一个单位在年底计提的问题，有效保障了会计信息质量，规避了合规风险。

薛奥的“细劲儿”，是对极致标准化的不懈追求、对会计监督职能的深刻认识和对原则底线的绝对坚守，这些支撑着她在财务的道路上从一个小“账房”成长为一名大“侦探”。

薛奥在财务共享服务中心北京分中心分享报表填报经验

薛奥的“劲儿”，还是揭榜挂帅的“韧劲儿”。

随着共享数智化转型升级，薛奥深知必须不断探索全新领域。

“最初心中十分忐忑，但数智化变革是大势所趋，我们必须紧跟时代要求。”2023年，她主动揭榜数据应用“递延所得税”专题，迎接陌生的领域和未知的挑战。

为尽快熟悉递延所得税业务，掌握自动化操作工具，她加班加点找准则找依据，周末的电话通话时长基本都在2小时以上，手机经常用到没电关机。她从零开始学习自动化工具，深入研究帆软大屏，跟着视频和知识文档一步步探索，努力将财务知识与数智化技术相结合。5个月的学习与磨炼，让她从一知半解到胸有成竹，从毫无头绪到游刃有余，最终在课题评比中一举斩获了个人一等奖和优秀团队奖。

薛奥是传统财务领域的精英，也是数智化转型的代表，更是财务共享人追求创新、追求卓越的真实写照。在榜样的激励下，财务共享服务中心北京分中心的年轻人在数智化转型浪潮中，以信念为桨，以智慧为帆，在数智化的大潮中破浪前行，书写着奋斗的青春篇章。

故事启示

薛奥的故事启示我们，要保持不断学习的“冲劲儿”，严谨细致的“细劲儿”，以及勇往直前的“韧劲儿”，不断突破自我，在中国海油的舞台上追求卓越，勇往直前，实现自我价值！

绝不“掉链子”

中国海洋石油集团有限公司物装采购中心 | 占有明 张春英

如果说每一个工程项目都是一场战役，那么对于物装人而言，每一个采购需求都是一纸命令。兵马未动，粮草先行。做好项目保供，就是物装人的使命！

16年如一日将精力倾注于上千个采办包，保障近60个集团公司重点建设项目，保持客户“零投诉”……这是中国海洋石油集团有限公司物装采购中心（简称“物装采购中心”）招标业务部副经理张春英交出的成绩单。

要想把平台上的发电机、压缩机、海底管线等关键设备采购回来，并不像在网上购物那么简单，而是要运用好专业的招标知识。一个招标项目一般有27个工作节点、44项工作流程，任何一个环节“掉链子”都有可能影响后面的流程。但只要是张春英经手的项目，她总能对每个细节如数家珍，确保合规、不出差错。

一次，物装采购中心接到紧急委托，要求必须在30天内完成东方1-1气田燃气内燃机改造服务项目的招标工作，否则气田将会面临严重电力瓶颈，甚至停产。按照法规要求，从发标到授标，必须留给投标人至少23天的时间，所以留给物装采购中心的时间只有7天。

张春英临危受命，迅速与项目组人员在线沟通，编制招标文件。那段时间，她吃住都在公司，完全沉浸在工作中，仿佛与世隔绝，只有招标文件和项目组成员是她的伙伴。困意来袭时，她就去洗一把脸，实在扛不住了，她就在办公桌上趴一会儿。在项目组成员的共同努力下，招标文件顺利完成，最终提前2天完成了招标。物装采购中心既解了客户的燃眉之急，又创造了当时的招标时效纪录。

招标完成的那一刻，整个团队都沸腾了。

张春英与同事讨论工作

2022年12月，正值北京新冠肺炎疫情形势十分严峻的时期，乌石终端EPC总承包项目开标。项目紧急，又要求集中评标，就在此时，该项目的招标经理与所在科室的其他员工却全都病倒。

“绝不能因为招投标环节影响项目进度！没有招标经理，我来补位！”就这样，张春英与评标委员会不分昼夜地“扎进”标书里，最终及时完成了评标，为项目推进打好了“头阵”。

一颗星星的光芒虽微弱，但融入银河却能点亮夜空；一个人只有将自己与集体紧密相连，才能发挥出最大价值。

“一个招标流程有那么多节点和要求，而每个人对工作细节的理解和操作却各不相同，如果没有统一的标准，这些风险如何防范？每个工作环节的用时还能不能优化？招标项目一年比一年多，如何让新人快速成为熟手？”张春英经常这样问自己，“我必须静下来好好梳理梳理，我辛苦点儿没关系，这样后来者就可以少走很多弯路。”于是，她带领一批团队骨干分工协作，一边完成日常工作，一边利用晚上和周末的时间编写规范。经过半年多的努力，2023年9月27日，中国海油首个全流程《招标代理服务规范》终于成册。这本规范共146页，近7.3万字，为中国海油的招标活动提供了统一的行为标准和工作基础。

张春英查找招标资料

在张春英的带动下，团队员工的积极性和主动性被充分调动起来，工作效率显著提升。2023年，物装采购中心招标时效较2022年提升了38%。这是包括张春英在内的每一个物装人协同推进“创效物装”建设的生动实践。

一座座钢铁浮城如雨后春笋般扎根蓝海，为保障国家能源安全做出贡献。这些重大工程项目背后是一线员工的拼搏努力，也凝聚着采购招标战线人员的辛勤汗水。

“我们的任务是提升产业链供应链韧性和安全水平。”张春英总是这样说，“我只是采购招标战线的一员，所做的工作非常平凡，只是不想项目因我们而‘掉链子’！”

故事启示

这则故事告诉我们，每一个项目背后，都有无数人在为之默默付出。只有每个人各司其职，在平凡的岗位上拼搏奋斗、敢于创新、精益求精、不“掉链子”，中国海油才能无惧风浪，勇立潮头。

责任故事

05

高原上的“来客”

中海石油（中国）有限公司北京新能源分公司 | 李倩 孙宇亭

在甘肃省甘南藏族自治州合作市“牧光互补”项目一线，第一次见到我的师父，他是典型的南方人面孔，皮肤却已经晒成了当地人的颜色。整装完毕，我跟随项目组一头扎进草原深处，开始了实地勘察。

师父远眺光伏电站的背影

高原草原天气变幻无常，早上还艳阳高照，转眼就下起了冻雨，车辆不能抵达之处，大家只能手脚并用在泥地里爬坡，师父精瘦的身影总是走在最前面，有一次我问他，这里是不是比海上艰苦很多，他想了想说："我在海上待了21年，你别说，这草原和大海还挺像的，当年我们海油打第一口海上油井的时候，也是像现在这样在一无所有的海上摸爬滚打。"就这样，经过236天的踏勘，风餐露宿徒步走完600多公里，最终我们摸排完项目建设用地，定准了全部坐标。

紧接着，征地问题成了项目建设的又一道难关。藏民世世代代生活在这片辽阔的草原上，在他们的观念里，土地是神圣不可侵犯的，他们认为征用了土地，就无法放牧生活了。由于宗教信仰不同且语言不通，我们与藏民沟通十分困难。他们看见穿着工服的我们便往往是情绪激动、非常抵触。

项目组成员走访藏民

在一个下完冻雨的午后，我们前去拜访一位当地藏族老人，刚到家门口，老人拎起木棍就朝我们走来，师父回身想要护住我们，木棍却结结实实打在了他的脚踝上，疼得他半天站不起来，大家远远看着老人喋喋不休说着藏语，都不知所措。这时，老人的孙子跑出来用汉语和我们解释道：“我爷爷说，你们这些老板来了，就要占了我们的地，让我们放不成牛！”项目经理齐磊蹲下身对孩子说：“孩子，我们是公家的单位，可不是老板，光伏板比两个你都高呢，在下面放牛、放羊啊没问题，我们是不会破坏你家草场的。”

听了孙子的转述，老人逐渐放下了手里的木棍。经过2个多小时的攀谈，老人终于理解了，临走时老人拉着师父的手说“以后只要是穿你们这身衣服的来了，我宰羊给你们吃”。就这样我们经过3个月的不懈努力，走访了42户人家，逐一讲解，消除藏族同胞的顾虑。与此同时，我们吸纳牧民加入项目工程建设，采购当地建筑材料，也申请了乡村振兴资金为当地村落建设畜牧过冬暖棚。渐渐地，藏族同胞也放下了对我们的防备，敞开心扉与我们交谈，每逢村子里过节宰牛，大家都会热情地邀请我们去做客。在这种民族融合的和谐氛围下，我们的光伏电站建设捷报频传。

合作市“牧光互补”光伏发电项目现场

并网前一夜，电网的一纸通知让众人变了脸色——项目备用的10千伏电源需要停电检修，这将导致并网时间大大延迟。师父决定启用应急方案，采用柴油发电机临时代替10千伏电源。黑暗无际的雨夜，项目车辆紧急下山，载着全市能找到的最大功率柴油机返回。老式柴油机停用多年，一发动就冒起了黑烟，师父拍了拍机身说："油和空气比例不对，要调整进油量。"同事小周刚刚准备去调整，却发现油管漏油了，现场找不到软管配件。师父急忙脱下外套堵住漏点："大家抓紧时间调试！小周去找个卡箍封堵上。"

经过大家紧锣密鼓的一夜调试，随着黎明的曙光冲破黑暗，"牧光互补"光伏发电项目成功并网投产！众人欢呼雀跃，人群中却不见师父的身影。我抬头一看，师父正在光伏板下来回踱步——两年来，那条路上早已遍布他的足迹。项目经理齐磊说道："老薛还有一年啊，就退休了，这是他最后一个项目，他心里很不舍。"我逆着光望向师父，背影轮廓十分年轻，就像一个草原上追光的少年，此刻，我鼻子一酸，心里默念："师父，我会沿着你的这束光，走向绿水青山，走向我的远方。"

故事启示

合作市"牧光互补"项目组成员克服重重困难，终于赢得了当地藏民的支持，光伏发电成功并网投产。这则故事告诉我们，改革发展必须坚持以人民为中心，在践行央企社会责任的过程中，只有既带动当地经济发展，又不影响当地百姓生活，才能交上一份乡村振兴的合格答卷。

“水上种树”的人

中海石油气电集团有限责任公司 | 黄婕 周海琪

故事发生在北江飞来峡。一大早，船东老吴像往常一样，沏上一壶好茶，操着他2000吨级LNG动力船稳稳驶过闸口。看着江上其他船舶“大堵车”，他感慨道：“还好当年我们相信老马，选了油改气，不然照这堵法，咱们心里得‘滴血’呀！”

老吴口中的“老马”叫马明涛，他们相识于两年前的春天。当时马明涛作为中国海油“气化珠江”市场开发队的一员，每天雷打不动地往各家船上跑。船东们都认得他——那个长得黑黑的小伙子。每次到船上他就拿着计算器给大家算账，算LNG船改造的周期，算LNG船运输节省的费用，算优先过闸节省的时间。马明涛最常说的一句话就是：“相比柴油船，LNG船每年的减排量相当于种200棵树。”所以大家打趣地称呼马明涛是“水上种树”的人。

老吴在珠江上跑了大半辈子船，对于马明涛的话起初他是不信的。“什么‘气化珠江’，压根儿就没听说过，要是真签了改造船协议，人跑了找谁去？不能改！”

可谁能想到，马明涛像一棵树，就在这江上扎了根。当他第五次去找老吴时，一进门，老吴便发现他和往常不一样。

原来，马明涛和同事考察站点选址时碰上了大雨，乡间小道变得泥泞，路面上横七竖八的脚印装满了雨水。大雨中，他们的车深深陷进了泥地里。两人使出了全身力气也没把车推出来，自己倒成了“泥人”。即便如此，记录着站点选址信息的笔记本却被他们宝贝似地紧紧护在怀里，本子干干净净。眼看天色已晚，顾不上片刻休息，他紧接着又来给老吴做工作了。

看着眼前这个一身泥水、满头大汗却眼神发亮的小伙子，老吴答应他第二天去看看他口中的橇装站。

开了半辈子船的老吴没有想到，眼前是从未见过的整洁环境、崭新设备和高效便捷的加气服务。回来的路上，马明涛又算了一笔账，这一次算的是政府改造补贴。老吴盯着计算器上的一串数字，黑瘦的脸上乐开了花。

干净整洁的船舶LNG橇装站

“我们去过上百家船东企业，走访政府部门上千次，你的担忧我们全都知道。老吴啊，相信我们吧！”

那一晚，老吴在船头望着前方LNG船直接过闸的场景，他终于下定决心。就这样，老吴成为广东省首批改造的300艘LNG动力船的船东之一。

“青山行不尽，绿水去何长。”中国海油“气化珠江”工程启动以来，占据了95%的市场份额，共减排二氧化碳约1.3万吨，相当于种植两万多棵树！珠江流域上曾经的黑烟已逐渐消失，绿色低碳成了这条江上的新潮流，大家都争着做“种树的人”。

“最近怎么没见到老马了？”

“你不知道吗？他们开始捣鼓国际船舶保税LNG加注了，听说拿了不少项第一，还登上中央电视台了！”

深圳国际船舶保税LNG加注场景

经过像马明涛一样的海油人的努力，中国海油成为国内首家、全球少数在不同港口具备码头和锚地加注能力的公司，实现了船舶加注“国内领先，国际一流”的目标。从大江大河到大海大洋，马明涛的“种树”事业还在继续。

故事启示

马明涛“水上种树”的故事告诉我们，在推动我国航运业绿色转型发展的过程中，我们要坚决学习贯彻习近平生态文明思想，始终做到初心如磐、使命在肩，在低碳转型、绿色发展的征程上踔厉奋发、勇毅前进，助力我国全面实现“碳达峰、碳中和”目标。

门源县的油菜花开了

中海石油化学股份有限公司 | 于帆 郭悦 陶春光

这里是青海省海北藏族自治州门源回族自治县，阳光铺洒在白雪皑皑的山顶上，将往年的冰雪融化，涓滴汇聚成今日的一条小溪，从牧场上蜿蜒而过，滋润着沿岸生灵，也孕育出一片新绿。

一辆汽车刚刚驶过雪线，仿佛就在一瞬间，积着雪的青海云杉、祁连圆柏便消失不见了。翻越海拔3940米的达坂山垭口，车子缓缓停在路边，下来一个人，微微仰头，舒展了下胳膊，露出了羽绒服里面那件藏青色的短袖。他是中海石油化学股份有限公司（简称“中海化学”）的一名化肥销售员——陶春光。

这已经是他这个月第3次来到门源，连日的奔波并没有换来销路的突破，再找不到突破口，就要错过当年的备肥期了。2013年，公司安排他到青海这个空白市场推广增值复合肥，刚接到这个任务时，他势在必得，没想到的是，在这美如画卷的大西北迎接他的是前所未有的挑战。

青海地域广阔，耕地面积却仅占12%，很多地方是牧区、草地、林区，走访难度极大。整天在路上奔波，吃不上一顿热乎饭，他只能自备干粮。有一次还遇到了泥石流，车陷在了山坡上，多亏路过的牧民用驮马帮他脱困，还不忘和他开玩笑道：“我们牧民都定居了，你这是啥工作，咋还住车上了？”陶春光笑了笑，却不知该如何回答，有时候他自己也琢磨，要是用卖化肥的这股劲当个旅行博主，成绩应该不错，然而这些也仅仅是陶春光在旷野之中偶尔“乱飞”的思绪。

化肥门店里，别的销售员都是到处打听哪里用肥多、产量好，只有他偏偏四处寻问哪里的产量差。听见有人抱怨，近几年用肥量不少，油菜产量却一年不如一年时，他眼睛亮了，直言能帮人家解决问题，非要去人家地里看看。对方看他一身灰绿色的劳保服，皮肤黑黢黢的，看起来也像懂点种地的，索性带他去。

跟着农户到了地里，陶春光俯身捡起一把土，放在手里捻了几下，又问了问用肥的情况，心里有了些眉目。“换复合肥吧。”陶春光开门见山。

“啥肥？我们这一直用二铵，没用过复合肥。”原来当地农户十多年里一直使用传统二铵和尿素，多年连续耕作单一品种作物让土壤中的营养成分极不平衡，只补充一种养分已经起不到作用了。

“我们门源家门口就有大型化肥厂，连他们的复合肥我们都没用，凭啥用你们的肥？”

为了解开对方心里的疙瘩，陶春光隔三岔五就去农户家中唠家常，一来二去，当地农户们对陶春光的印象越来越好。“春光，我们看你人实在，可是我全家6口人的生计都指望这点收成，换肥风险太大了”。

看来，必须得用科技说话。陶春光提出免费测量土壤养分，帮大家看看土地缺少的养分和油菜种植需要的养分到底是什么。

“对症下药才能药到病除，复合肥含量配比就很适合咱们这儿的土壤，能解决咱们的问题”。

“大爷，您放心，我们中国海油的农技人员会到地里指导你们用肥，在整个生长的关键阶段都会跟踪检测的”。

陶春光已记不清这是第几次为当地农民讲授科学施肥理念，他还带着他们去参观示范田、进行产量测算。

电商平台选购化肥送货到家

又是一年七月，陶春光再次来到了油菜地，还没等下车，当地农户便笑意盈盈地迎上来，握着陶春光黑黢黢的手说："自从用了你推荐的复合肥，一亩地用肥量减少了20斤，产量增加了20%，能多赚100多块呢！"——2013年，门源农牧民的月均收入也不过五六百元。分别时，当地农户总是一边笑着一边朝他挥手，一起送别他的还有门源几百亩的油菜田。

当地农户的一束油菜花，成为陶春光打通门源市场的一把金钥匙。仅仅两年后，从无人问津到10万亩的施用面积，中国海油的化肥成了门源县响当当的销量第一品牌，门源油菜花海也成了祁连山下靓丽的风景。

陶春光与当地农户合影

陶春光心里明白，在这山多田少的地方，他卖出的销量于公司整体销量而言并不算多，可是一朵朵油菜花的背后是一位位农民的笑容和幸福生活啊。他们认可了中国海油，这比任何事都重要。

故事启示

这则故事告诉我们，打开市场的不是"推销技巧"而是"以心换心"，在农户眼中，陶春光是朋友，用他推荐的化肥放心；在陶春光眼中，农户是朋友，他愿意把最好的肥料用在他们的田地里。这是一场海油化学人和乡村振兴的双向奔赴。中海化学为现代农业可持续发展注入了新质生产力。

一封来自中华白海豚的信

中海石油气电集团有限责任公司 | 姚于涵

相传，南海龙王的小女儿被香炉湾美丽的风光迷了眼，决意下到凡间，在这里打渔织网、采珠捞蚌。她，就是珠海市流传至今的渔女。但我们今天不讲渔女的故事，我们来听一听传说中渔女圣洁优雅的坐骑——中华白海豚的来信：

中国海油金湾“绿能港”员工在接收站厂区码头拍摄到的中华白海豚

我是中华白海豚，出生在南海之滨，风景如画的高栏港是我的故乡。但从十年前开始，这里便发生了翻天覆地的变化，中国海油来到这里，高栏港一跃成为珠海最大的石化仓储区。

大家可能会好奇，中国海油不是能源企业吗？又施工、又生产，不会影响咱们中华白海豚的生活吗？说实话，我曾经也很担心！因为我们一般生活在5～25米的浅海区域，对水质要求极高，因此，我们也被视为衡量水质的“活指标”。

为了保护我们的生态环境，中国海油的员工早在项目建设填海造地时，就设置了数道隔沙网，面积足足有40多公顷——把施工区域围起来再进行建设，有效减少了悬浮物的产生，防止了我们体表因颗粒物携带细菌而感染。生产运营期间，无论是生活污水还是生产废水都经过了生化薄膜工艺处理，再回收到厂区进行绿化，没有向大海排放一滴污水。我们中华白海豚眼睛很小，视力很差，辨别物体的位置和方向主要靠回声定位系统，因此对声音十分敏感。于是，他们就在项目建设、运营中采取了一系列隔音降噪措施。

中国海油于广东珠海开展2024年中华白海豚宣传日“中国海油杯·为豚而跑”公益活动

早在2014年，他们便成立了中国海油白海豚志愿者保护协会，开展了增殖放流、公益宣传、“为豚而跑”一系列以保护中华白海豚为主题的公益活动。最近，我还发现他们正把我们这群憨态可掬的中华白海豚画到金湾“绿能港”接收站内的超大型液化天然气储罐上。我很满意他们给我画的画。

说起他们那个超级大的储罐，你们能想象有多大吗？它是全球最大的全容式LNG储罐，高度超60米，直径超100米，可同时叠放3架波音747客机，每个储罐的容量足够2200万人一个半月的生活用气，他们的码头隔三岔五就会有来自全世界不同国家的LNG船停靠，通过管道把船里的LNG输入储罐里，再输化送到千家万户，有力保障了珠江口西岸的能源安全。我想这座港口企业正因为肩负着绿色能源、绿色环保使命，才能被称为“绿能港”吧！而我也成为他们码头的绿色小卫士，每次LNG船来的时候，我都会在船前翻滚跳跃，像个小小引船员一样。与此同时，向

中国海油金湾“绿能港”概貌

海而生、因海而兴的中国海油还为我们修建了一座展厅，呼吁全社会增强环保意识，共同保护我们这群“海上国宝”。

听说，今年珠海市还立法让我成为这座城市的吉祥物。中国海油也把我们定为海油吉祥物，所以我在这里生活得非常开心，也欢迎各位朋友到中国海油金湾“绿能港”围观打卡，我们在这里等你！

以上便是中华白海豚的来信。

千百年前，渔女选择长居于此；今天，中华白海豚仍旧选择栖息于此。至此，高栏港有了绿色能源的家，白海豚有了绿水青山的家。我们也号召大家一起参与，共同携手打造人与自然和谐共生的长久佳话，护佑中华白海豚永远自由自在地畅游于蓝天碧海之间。

故事启示

一封饱含温暖的信，将中华白海豚与中国海油紧紧联系在一起。这则故事告诉我们，人与自然是命运共同体，人与自然和谐共生，是中华民族的生命之根，是中华文明的发展之源。我们要坚决贯彻“人与自然和谐共生”理念，发挥央企担当，积极打造社会公益品牌，大力发展绿色能源，呼吁社会公众关注海洋生物，共同捍卫碧海蓝天。

最美司机的“巴音布鲁克”之旅

中海石油气电集团有限责任公司 | 郑梦乔 黄喜英

不知道大家有没有看过《飞驰人生》这部电影？电影以赛车界最高赛事“巴音布鲁克”为背景，讲述了赛车手张弛的追梦之旅。生活中，我们每个人都有属于自己的“巴音布鲁克”。对于赛车手张弛而言，那是自我的超越、内心的热爱和速度的突破；而对于LNG槽车司机李金飘来说，他的“巴音布鲁克”则是每一条崎岖的山路、每一次未知的前行、每一份责任的坚守。

李金飘是我国约5万名LNG槽车司机中的一员，他所在的中海石油气电集团有限责任公司福建中闽物流有限公司（简称“中闽物流”）是福建省最大的LNG承运单位。李金飘与其他120多名司机一起，承担着全省600多个工业与城市燃气站点的保供任务。李金飘说：“我们就是天然气的‘搬运工’，全年365天运输任务不中断。”

电影中，张弛对“巴音布鲁克”赛道的模拟，已在心中演练了上千次，而现实中，李金飘从中闽物流到各省站的保供路，也往返了上千回。因此，他被同事亲切地称为“活地图”。然而，这张“活地图”背后，却充满了未知的艰险。

2018年1月，江浙一带大雪持续了半个多月，导致宁波至南京的公路被封锁。低温叠加春运高峰，南京禄口机场用气量节节攀升，为保障三百万人口的正常出行，机场向气电集团发出紧急求助。

接到跨省保供指令后，李金飘主动请缨，迅速组织7名具有丰富冬季长途驾驶经验的同事，成立应急保供小组。由于驾驶LNG槽车属于危货运输，每趟路线都要进行事前勘察。从福建莆田到江苏南京全程1000公里，需途经浙江、安徽两省，是

中闽物流槽车停车场内，李金飘（左一）和搭档正在进行出车前安全检查

中闽物流保供史上距离最远、难度最大的运输路线。在没有过往经验参考、路面冰冻湿滑等恶劣路况的情况下，驾驶难度陡然提升。但李金飘十分坚定："无论天气如何恶劣，客户的气源不能断。"他综合考虑限行限高限重、多山多隧道等因素，提前与沿途交警沟通，最终确定了一条途经48个隧道、25个服务区的千里保供路。

越往北，天越冷，冰越多。"老李，车子滑掉了！"尽管准备充分，但在途经安徽黄山服务区时，车辆还是出现了突发状况。李金飘闻声望去，看到同伴车辆因停靠位置边缘积雪较厚，出现单侧车轮打滑的情况。"快松油门，踩下离合踏板！启用轮间差速锁，保持车辆稳定！"他立马大声说道。工作之余，李金飘常常在检修车间内钻研，练就了"听声检车"的本领，对于突发状况，他总是能够在第一时间应对。他常说："只有了解车子的脾气，才能更好地操纵它。"

经过20个小时的日夜兼程，他们驾驶着4辆装载78吨LNG的槽车安全抵达南京禄口机场，及时保障了春运期间的用气需求，实现了跨省保供的"南气北运"。

“你们来了，压在我心里的大石头终于可以落地了！”机场站点负责人激动地说。

李金飘在检修车间内对LNG槽车进行检修

正是在这一次次的感谢与认可中，李金飘更加坚定了心中的方向。他凭借自己的专业性、严谨性、前瞻性过好了保供路上的每一个弯道，在数百万公里的驾驶生涯中，实现了十五年零违规、零事故的卓越纪录。

在返程休息时，李金飘接到了5岁女儿的视频电话，视频中，烟花绽放，女儿边拍手边兴奋地问道：“爸爸，快过年了，你什么时候能回家和我们一起过年？”他说：“等爸爸忙完这一阵子。”这一等，就等到女儿临近小学毕业；儿子即将高考；等到中闽物流的LNG槽车从当初的十几辆发展到如今的67辆，运量从2万吨到100万吨再到600万吨；李金飘也从师父口中的“小李”，蜕变为国家交通运输部认证的“全国最美货车司机”。

“巴音布鲁克”没有海，只有无限的热爱。这份热爱，驱使李金飘在数百万公里的“巴音布鲁克”旅途中驶向更多未知的远方。

LNG应急保供槽车顺利抵达南京禄口机场

故事启示

对于李金飘来说，他的“巴音布鲁克”赛道就是能源保供，守护万家灯火。为者常成，行者常至，平凡终将不凡。这则故事告诉我们，无论何种职业，都有着属于自己的“巴音布鲁克”赛道，希望每个人都能找到自己热爱的领域，并努力杀进那个领域的“巴音布鲁克”，看到领域内顶尖人才的勇敢与专注，看到每个平凡人的热爱与付出。

山海情

中海石油气电集团有限责任公司 | 刘源 杜剑芯

时间回到六年前，一道闪电划破夜空，天空中的乌云撕裂开来，无尽的雨点伴着狂风如潮水般顺着曲折的盘山公路冲刷而下，雨水在路面上汇聚成一道道急流，本就崎岖的山路变得更加湿滑难行。

台风要来了！刚开完会的五指山市水满新村第一书记王江涛急着从海口赶回五指山的村里。

那是一个仿佛被时间遗忘的山区，一年四季雨水多。村东边居住的村民房子就建在山坡下，年久失修的低矮瓦房内下着小雨，锅碗瓢盆散落一地，屋后被混着泥浆的雨水冲击着，偶尔会落下些小石块；村西边，王江涛带着村民们种植的百香果还挂在树枝上，等待采摘。

想到这儿，开着车的他微微皱起眉头，心里有种不祥的预感，他用力踩下油门，雨水打在车窗上发出“啪啪”的声响，让他无法看清前方的路况。不料，一个转弯，车轮不慎滑到山崖边，整个车身猛烈摇晃起来。王江涛的心仿佛提到了嗓子眼，双手紧紧抓住方向盘，这一刻似乎用光了所有的力气。车终于停稳后，他深呼几口气，想到村民还在等着自己，他慢慢平复了心情，再次发动了车辆。

“嘭嘭嘭……”一阵急切的拍门声传来，村民李兴国打开门看到浑身湿透的王江涛。“雨太大！你这房子住不得，你叫下危房改造的其他几户一起去村委会过夜！”王江涛着急地说道。李兴国听后想把雨伞递给他，却发现人已消失在了雨夜里。

村西边，李海成和家人披着雨衣戴着斗笠焦急地跑到百香果林，远远地就看到一个人穿梭在百香果树间，手脚麻利地采摘百香果，走近一看，原来是王江涛。李海成瞬间泪如雨下：“书记，这可怎么办啊，又是大雨又是台风，今年的辛苦全白费了。”“放心，有我呢，快摘果子吧，台风可不会等我们。”

清晨，忙了一晚的王江涛刚回到村委会，就看到李兴国带着昨晚在村委会过夜的村民们迎了上来，抓住王江涛的手哭诉道：“书记，我家的房塌了，多亏你，多亏你，救了我一家的命啊！”王江涛拍了拍李兴国的肩膀，轻声安慰道：“房子塌了，我们可以重建，只要人没事，一切都有希望。”

王江涛来之前，水满新村在全省乡村排名“老末”，村里人困于贫瘠，学难上，病难医。每逢旱季，水源枯竭，村民们喝水都是奢望。年轻的劳动力要跋山涉水去取水，老人们只能依赖少得可怜的雨水储备过日子。村民们听说他是个“官越做越小”的“处长村长”，还担心村里的工作他干不来。

王江涛来以后，把村里的山山水水丈量了一遍又一遍，到村民家中走访了一趟又一趟。为了寻找水源，一个来回5个多小时的山路，他翻山越岭走了数十次。终于部署并完成了投资40多万元的饮水项目。清澈的泉水流进水满新村时，村里的老百姓簇拥着要给他立碑，他却说：“我是海油的干部，也是一名共产党员，要立碑，

王江涛（右一）与村民一同欣赏村民织的苗绣工艺品

大家就在心里给党立个碑吧！”

接下来，改造危房、修路搭桥、引水拓院、多种经营，村民们吃上了“种植饭”“养殖饭”，不断扩大规模和产业链，大家原来想都不敢想的场景，在王江涛的带领下，一步步变成了现实。

一年又一年，那无数个日夜连轴转、舍小家顾大家的日子，那因奔波劳碌而跑坏的鞋子、磨破的裤子、喊哑的嗓子，村民都看在眼里。当听说扶贫干部要换时，一群村民火急火燎地闯进村委会，开口便说：“书记你不能走啊！我们要写联名书！我们要按手印！”

人心不弃，山海皆可平。如今的五指山市水满新村在中国海油派驻的一任任驻村干部的带领下大变样：青山绿水，白墙青瓦，苗族风情的建筑近在眼前，茶垄驻在山间，田间蔬果飘香，村间黎曲回转，苗绣在梭子起舞中成卷，风都带着香甜的味道。

五指山市水满新村打造的生态观光茶园

水满新村的村集体文化旅游公司建起来了，名字叫“雅啦咪”，在苗语里是“喜欢你”的意思，饱含着驻村干部们对这片土地和村民们的深厚情感。中国海油自

1995年定点帮扶五指山市以来，累计投入近1亿元，全力支持五指山市基础设施、教育、医疗等领域建设，帮助少数民族群众摘掉贫困“帽子”。中国海油与五指山的这段“山海情”未完待续……

五指山市水满新村建起游客服务中心

故事启示

这则故事告诉我们，敢想敢干、敢闯敢创是推动乡村经济、文化、生态全面发展，让乡村焕发新生的动力和源泉。乡村振兴工作需要用心用情用力，需要长期坚持，深入基层了解村民实际需求，以实际行动解决他们面临的困难，让山村与海油紧密相连，携手并肩，在南国宝岛谱写新的振兴篇章。

蓝色镜头下的绿色之约

中海油能源发展股份有限公司 | 吴倩

“发现一只被渔网绞缠的海龟游过来，我准备帮它解脱！”

“同意！慢慢靠近，别被渔网缠住，也别伤着它！”

在文昌海域海上平台5年特检项目中，潜水员李丹在完成作业后进行水下减压时，突然发现他身旁的一只海龟游得很吃力，身后还拖着一条“尾巴”，显然是被渔网缠住后行动受限了。

此刻，已在水下作业了1个小时的李丹，由于身体热量的散失，手脚酸软、动作迟缓，在水下6米处，他大口喘着粗气，想利用减压环节好好休息一下，没想到遇到了这一幕。

他毫不犹豫地向潜水监督汇报了想法。接着，他掏出挂在腰间的潜水刀，伸手抓住渔网……5分钟后，渔网终于被清理干净。临别前，李丹拍拍小海龟说：“小家伙，以后可要小心点啊！”对方感激地望了望他，畅游起来。

当晚，在与女儿的例行通话中，李丹讲起了这件事。

“太好了，爸爸！最近老师让写《我的爸爸》，我可以把这件事写进去！”电话那头传来女儿兴奋的声音。

可第二天再通话时，女儿的情绪突然180度大转弯。

“爸爸，您救海龟的事，同学们半信半疑，因为他们从来没见过，也没听过。他们还说，在海里采石油，会污染大海的！”

紧握电话的李丹愣住了。近几年来，“在保护中开发、在开发中保护”，已经成为他和同事们铭记于心的工作理念，这是他们与大海的绿色之约！可海洋石油行业特别是潜水员的工作，毕竟远离公众视野，这样的误解他并不是第一次遇到。

中国海油潜水员在恩平海域进行新增井口槽的焊接固定工作

该怎样消除这个误解呢？正在导出工作照片的李丹把目光锁定在一台小小的防水相机上。“语言的解释毕竟苍白，或许，我可以用真实的影像告诉大家！”

从那天起，李丹心中有了新的目标：既做好潜水员，也要用镜头讲好潜水员的故事！他的想法得到公司领导支持：“我们有责任让公众从新的视角认识中国海油，了解潜水员这一职业！”

然而，水下作业的每一秒都无比珍贵：要提前考虑天气、风浪、洋流……每一次任务都是选准了潮汐、评估过风险后才下的水；考虑到安全作业的人体极限，下潜至50米时，只能作业半小时，下潜得更深时，作业时间更短。况且，水下光线不好、人的身体也不稳，要拍出像样的画面，谈何容易？

可李丹的决心没有一丝动摇——4年的海军生涯，20多年的潜水员生涯，让他心中的信念更加坚定：一定要克服所有困难！

中国海油潜水员在恩平海域进行新增井槽安装前的位置定位及测量工作

为了提高作业质效、抢出拍照时间，每次作业前，他会把整个检验过程反复在脑海中梳理，并提前在水池里练；为了拍好照片，他会在下水前早早构思，与同事提前沟通站位、角度；为了训练身体稳定性，他给自己的体能训练里增加了跑步、深蹲、俯卧撑等额外项目。

午后2点，文昌海域蔚蓝的海面上阳光明媚、碧波如镜，穿好40多斤重的装备，捏了捏贴身的相机，李丹缓缓下水。穿螺栓、装垫圈、上螺母、加力、紧固，他和同事争分夺秒地开展水下立管安装工作。这时，五彩斑斓的鱼群突然朝他们游来，李丹向同事做出一个“嘘”的手势，两人心领神会，放轻放慢了手里的动作。李丹知道，自己按下快门的最佳时机到了。他用脚盘住一旁的管结构，将双手钩在一根横梁上，让设备和身体形成一台稳定的“三脚架”，选好光线角度——“咔嚓”……

蓝色镜头下，一张《与鱼共舞》的画面就此定格。

女儿拿着这张照片将爸爸的故事讲给同学们听，曾经的误解终于烟消云散。

近几年来，李丹的摄影作品多次被“中国救捞”“国资小新”等媒体转载，他的故事还登上了央视新闻，有效宣传了海油蛙人的良好形象。2023年，因技能过硬，李丹被评为中国海油所属单位潜水员技能专家。

中国海油潜水员在文昌海域进行平台导管架水下结构的目视检测工作

碧海丹心守安全，能源报国护深蓝！随着《中国海油生态环境保护五年行动方案》的发布，更多人开始关注海洋石油的绿色开发，也需要更多如李丹一样的海洋石油践行者、记录者。

回到学校，李丹的女儿在作文中写道：我的爸爸，是中国海油的一名潜水员，也是一名水下摄影师……

故事启示

潜水员李丹在做好本职工作的同时，举起水下相机，记录人与自然和谐共生的美丽画面，展示了海油蛙人的良好形象。这则故事告诉我们，“在保护中开发，在开发中保护”，一直是中国海油人铭记于心的工作理念。为了让更多人理解并支持海洋石油行业，中国海油员工需要坚定文化自信，扛起“既做好中国事情，又讲好中国故事”的重任。

这一次，我不再犹豫

中海石油（中国）有限公司天津分公司 | 王东瑞

在运动场馆，忽然有人倒地，生命危在旦夕……

你会怎么做？

会不会第一时间上前施救？

你一定也很着急，但你具备急救知识吗？

……

说到这里，也许你在迟疑、在犹豫，但了解过心源性猝死的朋友应该知道，抢救的黄金时间仅仅只有几分钟，一旦超过这个时间，患者就可能面临脑死亡等严重后果。

康景才是渤中19-4油田的一名普通员工。他清晰地记得，2016年，他在天津市红桥区的一家球馆打球，一个人突发疾病倒在他面前，那一刻他犹豫了，刚刚大学毕业的他从未接触过急救培训，对于如何施救不知所措。他记得医生说：“如果当时现场有人能给予他及时救治，他有很大概率可以活下来。”

就是这句话，成了埋在康景才心中的一颗种子，逐渐破土萌芽。

2022年3月，相似的场景再次发生。在天津市南开区的一家羽毛球馆内，人们激战正酣，当时康景才也在球馆里打球，忽然听到身后传来“砰”的一声，他转头看去，一位50岁左右的男士突然倒地，脸色苍白，口吐白沫，身体抽搐。所有人都愣住了，不知道该怎么办。

刹那间，康景才眼前闪过以前的画面，耳边是医生说的那句话。“必须赶紧救人”是康景才给自己的指令，挽救生命的信念指挥着他：“这一次我不再犹豫。”他冲到最前面，一边让大家散开保证空气流通，一边观察患者的情况。康景才大声呼唤，但对方已经失去了意识，也没有了鼻息和脉搏。他意识到要立即进行心肺复苏急救，一秒钟也不能耽误。

这是一场与死神的极限较量……

“我一定要把他从死神手里救回来，悲剧绝不能重演。我一边回忆心肺复苏的要点，一边开始对男子施救，并请求身旁的球友拨打120急救电话……”康景才在心里默念着。

对方是一名身高一米八多、体重超过200斤的中年男子，而康景才只有不到100斤。他一直保持跪坐在地的姿势，双手交叉、双臂伸直，利用全身的力量对其进行胸外按压，做人工呼吸，不断交替重复。

在救护车赶到现场前的7分钟里，康景才不停地做着心肺复苏的动作，时间一分一秒过去，他的体力也逐渐消耗殆尽，但他告诉自己“决不能停止”。当救护人员赶到现场时，康景才身上的衣服已经被汗水浸透，四肢也控制不住地颤抖……

等康景才缓过神来，才发现是周围的人正把他扶起来，大家纷纷问他是不是医务工作者，急救动作怎么这么专业。他说自己是中国海油的员工，入职时接受过心肺复苏安全急救培训，这是每个海油人都具备的急救素养。

事后辗转得知，正是因为救助及时得当，给患者带来了一线生机，康景才悬着的心终于落了地。

入职以来，康景才不仅在中国海油安全生产培训中心定期接受安全急救培训，在平台工作中，他也经常参加安全培训和应急演练，从而熟练掌握了紧急情况的判断方法及有效的救护手段，在面对突发事件时能够保持冷静的心态和清晰的思路，在保护自己的同时，还能帮助他人。

久而久之，康景才与急救知识宣传结下了不解之缘，只要有人问他或者请他分享，他都会认认真真给大家讲解。后来也有越来越多球馆邀请他去分享急救知识，让他为球友们普及急救的流程和细节。

2022年底，在公司的支持和社会的关注下，康景才先后当选“天津好人”和“中国好人”，这对他既是鼓励也是鞭策。一年多的时间里，他先后走进天津市多个社区及学校，为居民和学生义务宣讲急救知识，增强公众对急救知识的认识和了解。令人振奋的是，已经有两人利用从康景才那学到的急救知识，成功救助了他人！

康景才正在为学生讲解急救知识

事常与愿违，事总在人为。这两年，每次在宣讲时，康景才都会对台下的观众说：“不管成与不成，只要出手就能增加一份希望。请大家和我一起行动起来，不要犹豫，大胆施救，让更多生命得以延续。”

故事启示

这则故事告诉我们，危急关头挺身而出，救助他人善莫大焉，不迟疑、不犹豫，是敬畏生命的最好体现。一个企业把急救知识作为员工的“必修课”，是对员工负责，更是对社会履责。好人康景才宣贯的不仅是急救技能，更传递着人间大爱，他心里那颗种子正在以爱之名茁壮成长，并逐渐开枝散叶，送他人以清凉。

以终端为支点建一座岛

中海石油（中国）有限公司湛江分公司 | 王瑞　李婉荧　令狐昌建

“叮铃铃，叮铃铃……”

“喂，您好！”

“这里是涠洲岛医院，我们这里有一名上海籍游客突发心梗，急需转运出岛进行紧急抢救，请求救援！”

当天，南海北部湾涠洲海域有9级大风，北海至涠洲岛水上交通全部停航。

“收到，我们立即启动救援应急预案，协调组织救援直升机！”涠洲终端总监令狐昌建立即打起十二分精神。

为了确保患者尽快得到救治，涠洲终端第一时间响应，及时报告，全面沟通，协调离涠洲终端最近的直升机资源——正在执行海上飞行任务的中信海直7129直升机——从海上平台紧急飞到涠洲终端。

救护车飞驰在前往涠洲终端直升机场的路上，直升机迅速朝涠洲终端飞去，这是一条双向奔赴、与死神赛跑的生命线，耽搁不得半点。

涠洲终端接机小组严阵以待，提前做好接机准备，待直升机抵达涠洲终端后，便迅速配合医护人员以最快的速度将病人转运至飞机上，送往北海医院抢救。

中海石油（中国）有限公司湛江分公司（简称“有限湛江分公司”）架构直升机紧急救援管理模式，开通直升机降落医院的点对点“直航”线路，力争让紧急救援路线最优、转运时间最短，让生命通道更加畅通。近两年来，涠洲终端应急飞行救援达5次，挽回了62岁村民林绍东、云南籍游客龚磊、上海籍游客陈健、海岛义工小楠的宝贵生命。

“在现场，你能感受到那种紧张在蔓延，夹杂着恐惧和期盼。我们不能出现任何闪失，晚一秒可能都跑不过‘死神’。”说到动情处，令狐昌建也偷偷别过了脸，“有限湛江分公司践行在岛员工、村民、游客无差别对待的人本理念，哪里需要我们，哪里就能看到我们的身影。”

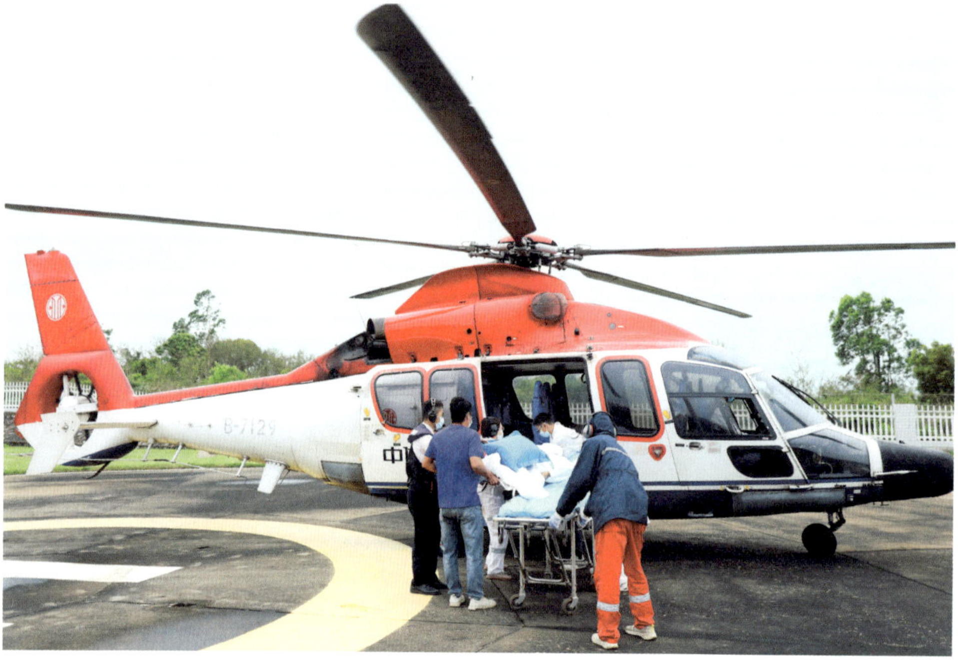

涠洲终端紧急救援心梗病人

涠洲岛——一个村村缺电、路路不通，就连做饭都得靠砍柴生火的原始海岛，在企地共建策略的带动下换上了“新装”：柏油路、清洁气、绿色电……五湖四海的游客纷纷慕名而来，欣赏这高速发展、风光旖旎的明珠绿岛。

26年来，有限湛江分公司始终坚持“以厂建岛，携手共建”的发展理念，精心打造了涠洲终端惠民利民的社会服务基地。教育方面，中国海油刚登岛时，涠洲岛上仅有一所老旧的中学。涠洲终端通过走访调查，确定原住民需求后，在岛上建立了图书馆的雏形，并持续支持相关教育工作。脱贫攻坚方面，涠洲终端划拨约50万元资金用于给当地贫困居民修建住所并配备家电。针对一些孤寡老人，涠洲终端坚持为他们送餐到户。

晚霞下的涠洲终端码头

26年来，涠西南油田群持续滚动开发、产业优化和管理创新，涠洲终端累计外输原油超6500万吨，已成为涠西南油田群将油、气、水、电、5G“5张网”串珠成链的坚固堡垒。2023年，涠洲终端成功实现了广西最大海气登陆涠北管线项目投产，北部湾海气首次登陆，为地方经济发展作出了重要贡献。

26年来，涠洲终端与涠洲岛同命运、共发展，作为海岛电力能源、液化气的唯一供应者，每年向涠洲岛供应约4000万千瓦时的绿色电力和1200吨优惠优质液化天然气，成为支撑起涠洲岛国际化、跨越式发展的战略基础。同时，涠洲终端积极推动落实中国海油民生项目，深入企地联络，带动当地脱贫攻坚，修建富民路、海堤路等6条道路，路程近11公里。

在新时代新征程中，有限湛江分公司与涠洲岛构建了“你中有我，我中有你”的发展共同体，持续助力涠洲岛旅游经济和居民收入增长，共同实现了家家“亮”起来，路路“通”起来，户户“富”起来，大力彰显了中国海油担当作为、惠民利民的央企形象。

故事启示

这则故事告诉我们，只有坚持社会责任与企地共建，才能实现企业与地方双赢的和谐局面。高效协调与团队协作是成功的秘诀，中国海油坚持“以人民为中心”，提升应急救援能力，坚定落实人本理念。在促进企地共建过程中，中国海油展现了央企的政治担当，为地方发展和民生保障贡献了重要力量。

涠洲终端航拍全景

老余和虎鲸的邂逅

中海石油（中国）有限公司深圳分公司 | 余江本 赵耀 杨力

2022年，世界海洋日前夕的一个普通日子，但对于“海洋石油115”油轮上的员工来说，这一天却尤其难忘。

那天，海面上波光粼粼，甲板上正在巡检的员工纷纷向甲板边缘的栏杆处聚拢。“怎么了？”“瞧，那两个大家伙！”他们睁大眼睛，用手遮住额头挡住阳光，想望得再远一点。

无线电中传来油轮总监急切又带着几分欣喜的声音：“老余，来甲板！”这声呼喊，打破了化验室的宁静。

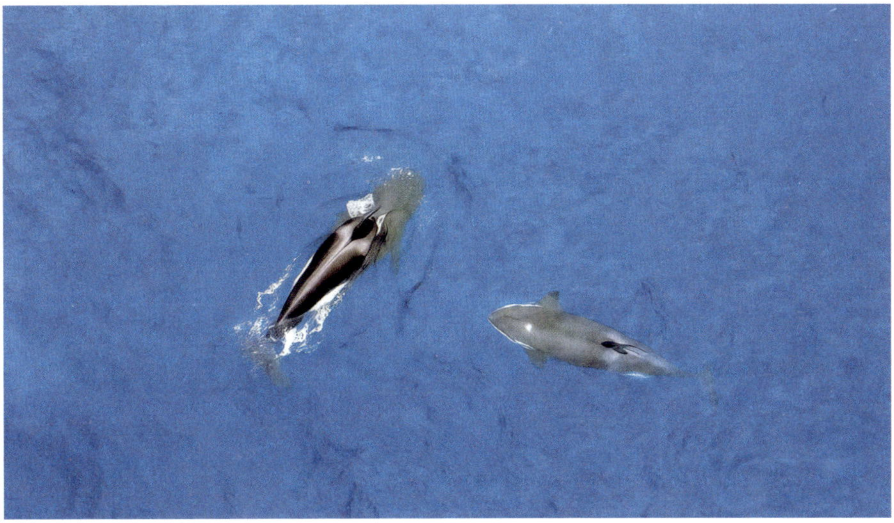

虎鲸嬉戏打闹

老余名叫余恒波，是一名有着三十多年化验工作经验的老员工。正在做化验的他，被这声呼喊一惊，滴管一下没收住，多滴了一滴萃取剂到面前的原油样品中。他叮嘱在一旁学习的实习生小王：“这个样品不能用了，等我从总监那里回来重新取样。”可是小王却不理解，他说：“多一滴、少一滴应该没啥影响吧？”听到这话的老余立即严肃道：“化验需要严谨，多加半滴都不行！”

他嘱咐完徒弟，步履匆匆地走向甲板。一路上，他在心中反复琢磨着今天做过的化验，心里不断嘀咕：“是流程有波动吗？挺平稳的呀。”

当他走上甲板时，却看到总监微笑着指向远方：“老余，你看那是什么？”

头部呈圆锥状，通体由黑白两种颜色组成，只见两头极具辨识度的虎鲸从深海中不时跃出，身躯在阳光下闪耀着金光，如同舞动的海洋精灵。这是大家第一次看见虎鲸，也是该海域首次清晰记录到虎鲸连续捕食画面，对考察海域鲸类物种多样性具有重要意义。

虎鲸在“海洋石油 115”附近捕食

与其他人相比，老余显得格外平静。不等总监说话，他便微笑着说：“惊喜是一定的，但我并不惊讶。”

老余的话语中透露出深深的自信和对人与自然和谐共处的尊重。虎鲸对水质出了名的挑剔，它的出现为绿色低碳与海洋油气开发重重地画上了一个“等号”。他解释道：“我做了几十年化验员，见证了我们各专业对于绿色环保的坚持与执着，一项项化验数据是坚守底线的自我要求，更是我们对自然的庄严承诺。这种大型野生海洋动物的出现，是自然对我们的良好反馈和充分肯定。”

他的话让员工们意识到，这份和谐与美好并非偶然，而是背后无数人的努力和坚持换来的。老余的坚守和付出，大家有目共睹。

与虎鲸的邂逅让老余心情大好，迈着轻快的步伐，他和小王一起重新取了样。小王不解地问：“师父，明明每次化验结果都差不多，为什么还要一天化验这么多次呢？”老余没有说话，而是从旁边拿出一个厚厚的本子，翻开一页给小王看。

本子上记录着老余在油轮上所有海班的化验数据。老余告诉小王：“油样、水样等的化验数据时刻都在波动，我们化验员就是为了保证在出现问题的时候，能第一时间进行反馈，确保生产稳定。这事虽小，却是保障绿色环保高效开发的‘检验尺’。”

老余和徒弟就这样坚持着，走走停停，取样化验，一走又是两年。2024年6月3日，是老余退休前的最后一个工作日。他如往常一样，戴好手套与面具，娴熟地取样，右手轻轻地捏着胶头滴管，一滴、两滴、三滴……萃取剂精准地滴入试管中。他的每一个动作都显得那么从容、那么淡定，仿佛在进行一场无声的告别仪式。

老余（左一）指导实习生小王做化验

这一系列精细而又严谨的操作，他做了成千上万遍，而今天，是最后一次。老余将数据填写在化验表上，缓缓地合上了那个厚厚的本子。那一刻，他仿佛为自己坚守的职业生涯画上了一个圆满的句号。

老余退休了，但在他的身后，是一片更加清澈的海洋和一群受他精神感召的年轻员工。他们将继续承载着这份责任和使命，守护这片大海，融“绿”于“蓝”，共同绘就中国海油绿色发展新画卷。

虎鲸的故事告一段落，但中国海油坚持绿色发展的故事还在继续。老余告别了心爱的平台，徒弟“小王们”还在迈着坚定的步伐，在他走过的巡检路上走走停停。

故事启示

老余与虎鲸的故事彰显了中国海油在增储上产、能源报国征途中，对绿色环保的坚持，对自然生态的守护。每一滴萃取剂的精准控制，每一次化验的严谨认真，是老余几十年如一日的坚守，虎鲸造访平台便是大自然对海油人的“褒奖”。海油人通过不懈努力，让绿色成为高质量发展的底色。

一名乌干达留学生的社会调查报告

中国海洋石油国际有限公司 | 田雨 张鑫 蔺冠宇

临近毕业季，在北京师范大学攻读公共管理硕士学位的乌干达留学生格洛莉亚·恩特格卡（Gloria Ntegeka）提交了一份社会责任与创新课程作业，题目是《中国海油社会责任项目收获乌干达艾伯特湖区社区信任》。

她说："选择这个课题，是因为我目睹了这10多年来中国海油给家乡带来的变化。"

格洛莉亚的家乡在乌干达艾伯特湖区，这里是新兴的石油产区，中国海洋石油国际有限公司乌干达公司（简称"乌干达公司"）的主要业务所在地。与波光粼粼的艾伯特湖一道，格洛莉亚也见证了中国海油为当地人民生活增添的更多亮色。

2012年，格洛莉亚刚刚进入高中，这个年方14岁的小姑娘从妈妈口中第一次听到了"中国海油（CNOOC）"的名字。

那时，格洛莉亚的妈妈敏锐地察觉到新兴石油行业饱含的机遇，在当地开了一家餐馆，并在不久后从餐馆客人口中偶然得知了中国海油在当地赞助支持的赴华留学项目。

听到这个消息，格洛莉亚的妈妈回家后立即告诉姐妹俩，鼓励格洛莉亚的姐姐普里斯嘉·凯利西玛（Prisca Kyalisiima）申请这个留学项目，希望她将来有机会进入石油行业工作。

当时，普里斯嘉已经申请在乌干达一所本地大学就读石油专业本科，遗憾地与这个项目擦肩而过。本科毕业后，她仍通过奖学金来华，实现了留学中国的梦想。现在的她，已经从对外经济贸易大学博士毕业。

姐姐普里斯嘉的留学经历激励了格洛莉亚。几年后，对中国文化深感兴趣的格洛莉亚选择申请奖学金来中国深造，成为北京师范大学的一名留学生。

近年来，乌干达政府致力于推进“2040年远景规划”，向工业化、现代化国家迈进。格洛莉亚相信，来中国留学是一个明智的选择：“我希望通过了解中国的发展，将来更好地参与祖国的发展建设。”

对中国海油的社会责任项目，格洛莉亚如数家珍——她在作业中写道：2015年，中国海油在翠鸟油田东边的布胡卡地区修建了当地第一条跨崖公路，这条10公里长的跨崖公路连通了沿途许多村庄，结束了当地没有公路的历史。中国海油还开展了道路安全宣传活动，帮助完善当地交通标识。

格洛莉亚回忆道：“以前，村民们生病或生产需要看医生，都要乘船或爬山，才能去条件好一些的医疗点。有了这条路，路上的汽车、摩托车多了，村民到医疗点

中国海油出资修建的跨崖公路全貌

的时间大大缩短。不仅如此，日常去渔市也方便了很多。2023年，村民还通过中国海油大型社区义诊活动，在家门口享受到中国医生的免费医疗服务，很多患者都得到了有效的医治，其中就包括我的爷爷。”

中国援乌医疗队开展大型义诊

在修路征地工作中，乌干达公司严格遵守当地法律法规，为受项目影响的社区百姓修建了结实漂亮的房屋。当原本住茅草屋、泥巴房的村民搬进崭新的安置房时，喜悦之情溢于言表。

目睹这一切的格洛莉亚由衷地说：“中国海油的社会责任项目大大巩固了社区与项目实施者之间的关系，增进了彼此的信任。”

2012年至今，为培养本地油气人才，助力乌干达油气行业长期发展，中国海油先后资助11名当地大学生到中国石油大学（华东）进修学习。目前，8名学生已学成归国，投身乌干达的石油工业建设中。另外3名学生于2023年入学，目前正在攻读学士学位。

此外，中国海油还推出绩优奖学金，资助当地优秀的中小学生。格洛莉亚说，“在这种激励措施下，附近各个年级孩子们的分数都提高了很多。”他们中的小画家们，还参加了中国海油2024年“我眼中的最美翠鸟油田”绘画比赛活动，在跨崖公

当地居民入住安置房

路瞭望台处用画笔捕捉绿色生态油田的生机盎然，也叙述着乌干达人民对翠鸟油田投产的期盼。

近年来，中国海油还持续赞助布尼奥罗社区足球赛，每次都能吸引周边社区的十几支队伍参与，这项赛事已经成为当地社区每年最重要的大型文体活动之一。

格洛莉亚还在作业中写道：“最近，我看到中国海油的营地正在接国家电网，这项举措将显著减少项目碳排放，为世界环境改善作出贡献。”

多年来，乌干达公司的一系列社会责任项目给乌干达当地民众的生产生活带来了实实在在的改善，也得到了乌干达政府、驻乌使馆及国家部委、联合国全球契约组织等不同层面的高度认可。越来越多乌干达民众因中国海油的社会责任项目实现了自己色彩斑斓的梦想，拥有了充满机遇的未来。

故事启示

这则故事告诉我们，跨国企业的社会责任不仅体现在商业成功上，也体现在改善当地民生上。中国海油在乌干达艾伯特湖区通过基础设施建设、教育支持和文化交流，不仅促进了当地经济发展，还承担起改善社会环境的责任，在树立中国海油良好口碑的同时，也展现了可信、可爱、可敬的中国形象。

最美“卓玛”

中海油能源发展股份有限公司 | 李楠

“啥？爸病倒进医院了？我这就收拾东西往回赶。”接到家里的电话，在浙江制衣厂打工的许月巧不敢多耽误，便踏上了返回甘南的火车。

“爸，我回来了！你安心养病，今后我照顾你。”说到这，老父亲眉头紧锁地说：“娃呀，这上有老下有小的，你家男人身体也不好，你守着我，这今后的日子咋过呀？”“您别多想了，先治病。”回乡就断了收入来源的许月巧，也充满了无助和迷茫。

“9号床，交下费！”当听到缴费通知，许月巧掏了掏口袋，只剩289元和一张随意折叠的招工简章。再这样下去不是办法，最终她决定拿着村干部给的招工简章，去家门口的中国海油乡村振兴工厂试试，“在家门口能致富吗？”许月巧还是有点担忧。

许月巧入职后不久，工厂建立了当地的第一个企业党支部，带领大家啃难题、练本领，为大伙答疑解惑、排忧解难，当庄严的党旗挂上工厂的那一刻，许月巧悬着的心终于放下了。“月巧，你之前有制衣的技能基础，通过工厂的长期培训，你生产的产品又快又好，现在组织决定任命你为车间主任，希望你能帮助更多女工提高技能和效率。”来自组织的认可，让许月巧干劲十足，更加珍惜这来之不易的就业机会。

中国海油乡村振兴工厂全景

业余时间，她自发为女工们进行培训指导，把自己的“独门绝技”毫无保留地传授给大家，在面临时间紧、任务重、要求高的大订单时，许月巧顶住压力，将车间女工分为3组倒班，合理安排作息时间，确保“人停机器连轴转”，最终按时保质交付。在女工的眼里，她就是振兴致富的榜样，更是雪域高原最美的“卓玛”。通过她的帮助，女工的产能提高了3倍。慢慢地，找许月巧咨询振兴工厂就业的村民越来越多，振兴工厂成为当地的“香饽饽”。近两年，经许月巧的介绍，有40多人从“留守待业”成功转变成“产业工人”。

许月巧（左一）向女工们传授制衣技巧

2023年，这位美丽的“卓玛”站上了甘南州劳动模范的颁奖台。“劳模我只在电视上看过，很光荣！不敢相信有一天我也能当上，是中国海油改变了我们高原留守妇女的命运。”许月巧在大会上流下了激动的热泪。“现在好了，振兴工厂就建在家门口，为我们铺起了增收致富的‘小康路’，实现了‘家边就业、村中增收’的愿望，不仅让我们钱袋子鼓了，下班后出厂门就能进家门，赚钱顾家两不误，日子安逸更有盼头！”谈到现在的生活，许月巧对中国海油有说不完的感激。

如今的乡村振兴工厂，在女工们的巧手织造中，已成为“甘肃省工人先锋号”“甘南州先进基层党组织”“扶贫先进企业”“纳税大户”，也被甘肃省委书记胡昌升赞许道：“中国海油在帮扶带领群众增收致富的过程中，树立了甘肃省的典范。”从“打工妹”到“州劳模”，从“贫困户”到“致富人”，工厂累计带动350多人就业，助力278户贫困户成功脱贫摘帽，创造了一个个乡村振兴的奇迹。

人逢喜事精神爽！许月巧终于迎来了父亲康复出院的好消息。趁着暑假，她带儿子去了一趟向往的北京，看到了心心念念的天安门。到达的那天，看到繁华热闹的首都，许月巧激动不已。在出租车上，孩子突然按下车窗，指着对面的高楼大声喊道：“妈妈、妈妈，快看呀，那栋高楼上有你制作工服上印着的字‘中国海油’！”当母子的目光凝聚在楼顶的那一刻，许月巧再次流下了热泪。站在天安门广场上，她们母子俩向毛主席画像深深鞠躬，心中一直重复着那句话：“感恩伟大的共产党，我们过上了好日子。”

故事启示

藏区妇女许月巧在中国海油的帮助下重新就业，在关键时刻扛起了家庭重任。这则故事告诉我们，在乡村振兴之路上，央企发挥政治优势，用村民们看得见的变化、摸得着的就业机会主动践行社会责任，不仅取得了当地百姓的信任，也展示了负责任的央企形象。

海上应急“孤勇者”

中海油能源发展股份有限公司 | 孙洁莹 葛藤 林文

2023年2月3日清晨5时，南海东部的海面突然一扫往日的波涛汹涌，变得异常平静，最近，虽然天气“喜怒无常”，但坚信“风浪越大，鱼越贵”的渔民李大宝，认为赚钱的机会来了。

“小张！老王！收拾下！咱今天赶紧出去搂几网，最近海鲜价格嗷嗷高，这趟得老带劲了！”李大宝兴致勃勃地说。

“老李啊，天气预报讲，今天有大风浪，咱这条小船会不会有风险啊？”船员小张操着一口浓重的方言，担心地问道。

“你怕啥！我出多少年海，这天气能不能出，我心里能没数么？你们赶紧的！”李大宝催促道。言罢，三人启航赶往渔场。

6时15分，天越来越暗，云越来越低，向海面直压下来，而滚滚的海浪腾空而起，像是要反抗，想冲破云端，可转眼就被横空杀出的狂风撕碎，化作水雾弥漫在空中。李大宝的渔船，就像一片风中的树叶，摇来摇去，摇的三人眩晕不止。

“都说不要出海！不要出海！我家就我一个独子，今天会不会在这交代了。”小张已经被眼前的海况吓得慌了神，说话也带着哭腔。

“别瞎嚷嚷！我估摸着，就这点浪，一会儿就过去了！”狂风和巨浪的咆哮已经盖过了机器的轰鸣声，李大宝虽然嘴上不肯承认，但也感觉到情况不妙，心里早已没了底。

7时30分，一波波巨浪宛如一道道催命符拍在船舷上，小渔船被不断地高高抛起，又重重地落下，像一块挥舞在空中的手绢被来回戏耍。突然，海浪掀翻了渔船！

渔船被掀翻，三人在巨浪中拼命挣扎

“哎呀！我的船！”李大宝凭着娴熟的水性强撑着露出水面，但转眼又被巨浪无情地按了下去。

“救命，救命……”三人在巨浪中拼命挣扎，但终因体温下降逐渐失去了意识。陷入昏迷前，李大宝还死死抓着船帮，舍不得这赖以为生的宝贝渔船。

再睁眼时，李大宝发现手里紧握着的船帮变成了担架，他一脸茫然地打量着周围的环境：厚厚的圆形舷窗告诉他这应该是在一艘大船上，身边围着的应该是救命恩人，他们佩戴着洁白的安全帽，穿着蓝色工服，背后写着“海油发展”四个大字，眼前的墙上还贴着“以人为本，预防为主，关爱海洋”的标语。李大宝再看看自己——身上穿着干爽的工服，盖着一层毛毯，旁边还摆着冒着热气的白粥。死里逃生的他不禁老泪纵横，抓住身边船员的手哽咽道：“谢谢你们，救了我的命！”“醒来就好，我们已经帮你们联系了医院，好好休息，一会儿就靠岸。”船长窦朝辉回答道。

营救李大宝三人的船把他们送到码头，与惠州海事局交接后，三人被转送至医院。

落水者被救后，“海洋石油258”船的船员在给落水人员喂粥

“大夫，刚才营救我们的，是哪的船啊？”虚弱的李大宝按捺不住心中的疑问。

“他们啊，是中国海油的，那条船是‘海洋石油258’，这几年他们经常从海上救人，我们医院接收过好几个了。”随行的大夫说。

2024年3月16日，“海洋石油 258”被交通运输部、农业农村部、应急管理部联合推选为2023年度“最美海上搜救人”。对于大多数海油人来说，“海洋石油258”的船名并不陌生，它日常在南海东部海域工作，承担着溢油回收和海上应急的重要使命。它作业水深3000米，是中国海油拥有的第一艘深水环保船。在服役的9年里，多次参与海上应急救援，累计施救18人，挽回经济损失上千万元。

老渔民总是怀念海的味道，李大宝又在出海打渔了，但现在，他的新船上购置了连体工服、长筒工靴、消防呼吸器、保暖救生衣等全套安全防护用品。据小张说，中国海油不但“授之以鱼”，还“授之以渔”——李大宝康复后受邀参加了中国海油组织的海上安全救生培训，回来之后，他的行为意识像极了当时救他们的那群海油人。现在的李大宝，休息时总喜欢眺望远方，仿佛看到大海深处，一艘大船正保护着海洋，守护着人民生命安全。

落水者康复后受邀参加了中国海油组织的海上安全救生培训

故事启示

为了保障人民生命财产安全，“海洋石油 258”船在关键时刻果断实施海上应急救援，帮助渔民李大宝从思想到行为发生了一系列改变。这则故事告诉我们，践行央企社会责任不仅需要勇于担当，还需要在平时训练有素，掌握过硬的应急救援本领，在“授人以鱼”的同时也能“授人以渔”。